나는 왜 교사인가

별도의 표시가 없는 한 교육공동체 벗이 생산한 저작물은 크리에이티브 커먼즈 [저작자표시-비영리-변경금지 4.0 국제라이선스]에 따라 이용하실 수 있습니다.
http://creativecommons.org/licenses/by-nc-nd/4.0

나는 왜 교사인가
윤지형의 교사탐구

ⓒ 윤지형, 2012

2012년 1월 30일 처음 펴냄
2019년 4월 1일 초판 5쇄 찍음

글쓴이 | 윤지형
기획·편집 | 이진주, 설원민, 김도연
출판자문위원 | 이상대, 박진환
본문 사진 | 최승훈
디자인 | 박대성
제작·진행 | 세종 PNP

펴낸이 | 김기언
펴낸곳 | 교육공동체 벗
이사장 | 심수환
사무국 | 최승훈, 이진주, 이경은, 설원민, 김기언, 공현
출판등록 | 제2011-000022호(2011년 1월 14일)
주소 | 서울시 마포구 성미산로1길 30 2층
전화 | 02-332-0712
전송 | 0505-115-0712
홈페이지 | communebut.com
카페 | cafe.daum.net/communebut

ISBN 978-89-966034-4-3 03370

이 도서의 국립중앙도서관 출판시도서목록(CIP)은 e-CIP 홈페이지(www.nl.go.kr/ecip)와 국가자료공동목록시스템(http://www.nl.go.kr/kolisnet)에서 이용하실 수 있습니다. (CIP제어번호 : CIP2012000258)

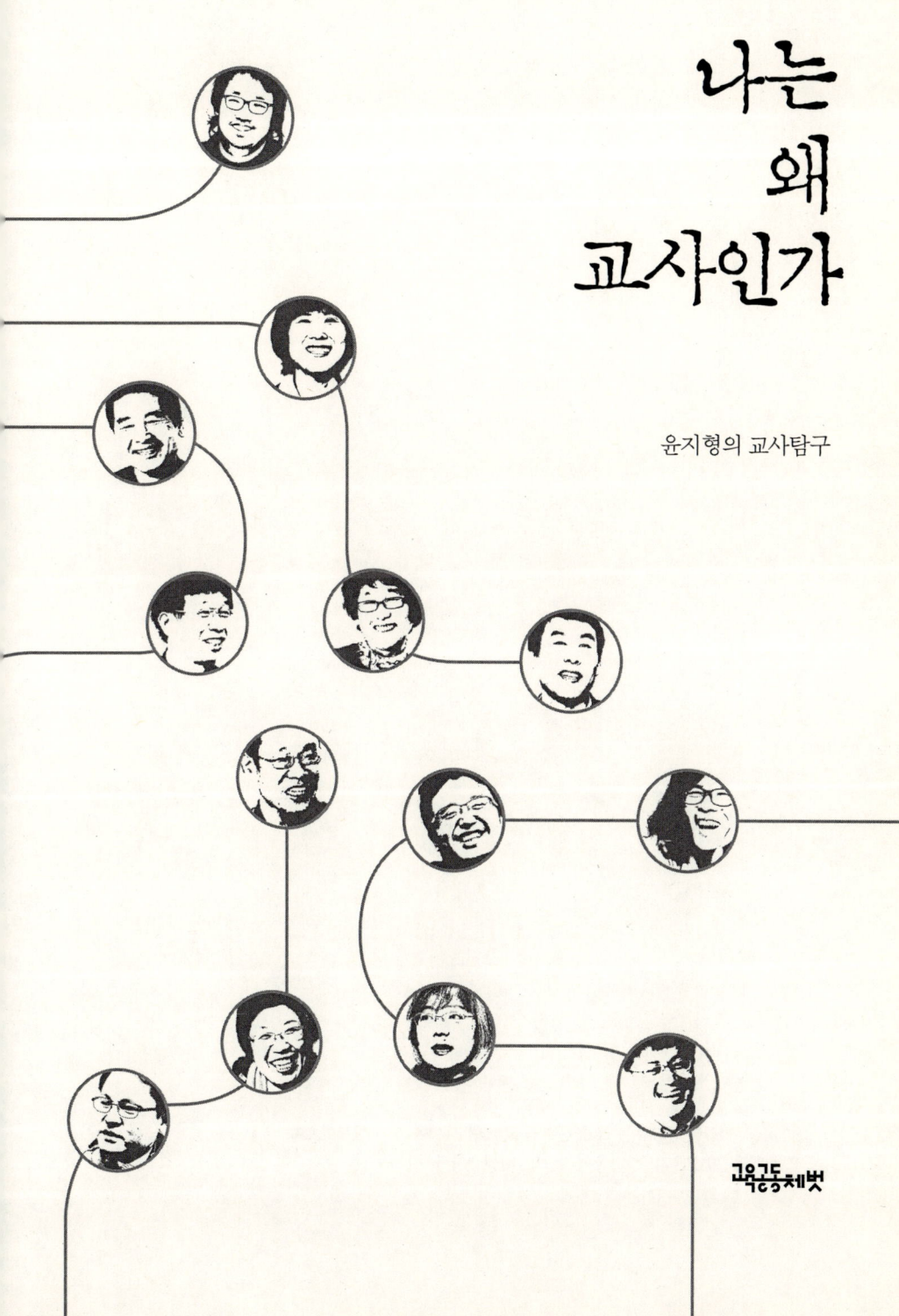

나는 왜 교사인가

윤지형의 교사탐구

교육공동체벗

* 이 책에 실린 인터뷰는 2002년부터 2010년 사이에 걸쳐 진행했으며,
  사진은 2011년 가을·겨울에 새로 촬영했습니다.

차례

1부 어쨌든 아이들이 좋다

보리밭, 작은 연못, 풀벌레 그리고 미술 시간 _임종길   14
'담임 전문가 & 수업 예술가'를 아시나요? _박춘애   34
다시 활짝 펴질 그 마음의 파라솔 _김명희   52
'체육의 창'으로 철학하는 한 체육 교사의 꿈 _이병준   70
멈추지 않는 '사랑의 오프사이드' _안준철   90

2부 교사로 산다는 것

길은 '감동'과 '행복'으로 통한다 _여태전   112
'모던 차일드'의 초상 _박원식   128
나는 '수학'한다, 고로 존재한다 _김흥규   146
한 전문계고 교사의 사는 법 _임동헌   168

3부 바람에 맞서거나, 바람이거나

그 별은 '교육 & 예술' 노동으로 빛난다 _김인규   192
시인은 분투한다 _조향미   212
'은꽃' 선생님의 '기적'의 나날들 _홍은영   232
래디컬한 인문주의자가 된 까닭 _이계삼   252

책을 펴내며

기적의 아이들, 기적의 선생님들

1

최근 한 중학생의 자살 사건으로 나라 전체가 또다시 슬픔과 분노와 혼란에 빠졌다. 학교 폭력, 집단 괴롭힘, 성적 비관 자살이 새삼스런 사건은 아닐진대 우리는 이를 내부로부터 치유할 수 있는 길을 잃어버렸다. 이번만은 한바탕 소동으로 끝나지 않기를 바라지만 그게 무망하다는 걸 나는 안다.

학교는 사회의 축소판이다. 병든 사회가 병든 학교를 만든다. 그러기에 누군가가 "학교는 죽었다"고 했을 때 그것은 사회의 죽음, 인간의 죽음을 경고, 증언한 것이다. 지난봄 시골의 한 젊은 교사가 "학교는 '교육 불가능'의 공간이 되고 말았다"고 선언했을 때 많은 이들이 공감한 까닭도 마찬가지다. 그 저변에는 숨 막히는 우리 사회에 대한 절망이 깔려 있었을 것이다.

그럼에도 오늘도 내일도 아이들은 학교에 오고 간다. 학교가 죽었든 살았든, 교육 가능이든 불가능이든 간에 초·중·고 학생 700만여 명이, 전국 방방곡곡의 1만 1천여 학교에, 밤하늘의 별들처럼 엄연히 존재하고 있는 것이다. 이것 자체가 하나의 거대한 비극일까? 그 별들은 학교라는 감옥에 갇혀 있을 게 아니라 광활하고도 거룩한 저 하늘에서 빛나고 있어야 마땅하겠기에.

늦은 밤 우르르 학교를 빠져나가는 아이들, 교문을 나서면 대기한 봉고차에 실려 학원으로 직행하는 아이들, 아침 조례 시간이면 졸음과 피곤에 못 이겨 겨우 고개를 드는 아이들을 바라보며 혼잣말을 하곤 한다.

'살아 있어 줘서 고마워!'

기적과도 같은 일. 생각하면 눈물이 난다.

기적은 어디에서 오는가. 아이들의 천성인 '상냥함'과 '낙천성'에서 온다. 하이타니 겐지로 선생의 말이다. 이른바 '요즘 아이들'의 무례함, 폭력성, 무력감, 나약함이 아무리 심각하다 해도 그들의 상처 입은 마음 깊은 곳에 깃든 천진함과 낙천성에 대한 아낌없는 믿음이 없다면 우리는 아무것도 아닐지 모른다. 우리 마음속 어린이의 죽음은 곧 우리 자신의 죽음을 뜻한다. 그러기에 붓다도, 예수도, 차라투스트라도, 권정생 선생도 한결같이 어린이의 무구한 영혼, 어린이의 '기적'을 말했을 터다.

바로 그 기적이 있기에 오늘도 나는 아이들로부터 속죄받고 위로받는다. 그러나 그 기적마저 일어나지 않는 날이 온다면? 끔찍한! 그럴 수는 없는 일이다.

2

 1985년 봄, 처음 교단에 섰을 때 나는 행복했다. 꽃 같고 별 같은 여고생들은 서툰 총각 선생을 아기처럼, 연인처럼, 누님처럼 환대했다. 수업시간마다 교탁에는 마실 것이나 먹을 것이 올려져 있고 교무실 내 탁상으론 사흘이 멀다 하고 꽃이나 꽃병이 바뀌었다. 분에 넘친 사랑이었다. 내가 별나게 인기가 있었다기보다 열여덟 처녀 아이들이 젊거나 연로하거나 따지지 않고 스승 대접을 했던 그런 시절이었다. 교실은 가히 천국이었다. 하루 종일 교실에서 나오지 않고 수업만 하고 싶기도 했다. 그러나 교무실은 그렇지 않았다. 이래저래 불편하고 답답했다. 내 쪽에서 먼저 벽을 쌓았으리라. 선배 교사들은 벽이었다. 그래도 괘념치 않았다. 교실에서 아이들과 행복하면 그만이라고 생각했다. 요컨대 젊은 나는 오만했다.

 1989년 여름, 전교조 결성 운동에 참여한 일로 학교에서 쫓겨났다가 5년여 후에 복직을 해서야 조금씩 주위 선생님들이 눈에 들어왔다. 나는 시나브로 '동지' 선생님도, '도반' 선생님도 만났고, 그저 좋은 선생님도 만나게 되었다. 술자리 같은 데서 함께 어울리면 학교에선 눈치채지 못한 인간의 교사로서 열정과 고뇌들⋯⋯. 평범한 교사의, 소박하기에 진실한 이야기들은 내 가슴을 울리기도 했다. 물론, 완강한 '벽'의 교사, 폭력의 교사도 있었지만, 그것 역시 명백한 사실이었지만⋯⋯.

 그러는 동안 내겐 '대한민국 교사 열전列傳'을 쓰고 싶은 욕망 하나가 싹텄다. 틈만 나면 교사들을 향해 돌팔매질을 해 대는 세상을 향해 "이

교사를 보라"고 외치고도 싶었다. 한솥밥 먹는다고 편들고 싶어서가 아니라 세상이 학교를, 교사를 조금은 따뜻한 마음으로 이해해 주기를 바라서였다. 그래야 벽의 학교, 벽의 교사들도 변화해 갈 것이라고 생각했다.

2002년, 기회가 왔다. 전국 방방곡곡의 멋진 교사들을 꾸준히 소개해 온 《우리교육》이 〈교사탐구〉라는 꼭지를 신설하여 내게 1년 연재를 맡긴 것이다. 당시 나는 '교사탐구를 시작하며'라는 글에서 이렇게 말했다.

나는 대한민국 '선생들'을 믿지 않는다. '그들'은 사악邪惡하기보다 그저 사적私的이고, 위험하다기보다 약간 수상쩍을 뿐이며, 절망적이기보다 단지 무풍지대 선호자들에 지나지 않는다. '그들'은 시인 김수영의 노래처럼 '하, 그림자가 없다.' 스승은 그 그림자도 함부로 밟아서는 안 된다는 고풍스런 말씀도 있지만 어쩌면, 밟을 그림자 자체가 모호한 것이 '그들'의 존재 방식일지 모른다. 저 도도한 개똥철학과 정치적 허무주의, 역사와 전통을 자랑하는 봉건적 상명하복과 독야청청의 포즈, 완강한 자기 보호 본능과 기묘한 회색빛 냉소, 우물 안 개구리의 고지식함과 본말을 전도하는 독단, 어이없는 위선과 천박한 처세술, 옹졸한 이기심과 적당한 교양주의, 돌연한 군인정신에다 초역사를 넘나드는 도사연함…….

이같이 시건방지게 입을 연 글을 나는 다음과 같이 끝맺었다.

나는 '선생들' 집단은 믿지 않지만 삼천리강산 곳곳의 학교와 교실에 숨어 있을 '선생님'은 믿는다. 이건 억설臆說이 아니다. (……) 요컨대 나는 내 가까운 주위에서만 해도 무수한 아름다운 '선생님'을 본다. 그 선생님 하나하나 속에서 또한 한량없는 '인간'을 보기도 한다. 이건 행복한 일이다. '교사 이야기'를 통해 나는 바로 그 '선생님'과 그 '인간'을 만나 나갈 작정인 것이다. 그들은 도처에 다양한 얼굴로 존재한다. 21세기 독립군, 열혈 지사, 혁명가의 얼굴을 하고 있는가 하면 샌님 같은 선비, 눈빛 맑은 구도자의 얼굴을 하고도 있다. 만능 재주꾼에 약방 감초가 있는가 하면 산 같고 바다 같은 호인도 있으며 섬세한 예술적 영혼의 소유자도 있고 겸손하고 부지런한 상머슴의 풍모를 지닌 이도 있다. 내가 손을 내밀기만 하면 언제 어디서라도 어렵지 않게 그들을 만날 수 있으리라. 그리고 교육의 희망을 묻는 사람이라면 필경, 지금 이곳에서 생명의 나무로 서 있는 '교사'에게 먼저 눈을 돌려야 한다고 나는 믿는다.

2002년에 이어 다시 연재를 시작한 2005년 한 해도 이런 마음, 이런 믿음으로 서울에서 제주까지 선생님들을 만나러 다녔다. 책 출간을 위해 개인적으로 작업한 2009년과 2010년도 마찬가지였다. 한 달에 한 번 일박 여로의 만남은 설렘과 감동, 기쁨의 연속이었다. 내 어설픈 선생 노릇에 경책을 가하고 내 캄캄한 절망의 벽에 빛의 길을 열어 준 만남이었기에.

3

이 책의 주인공인 선생님들은 인터뷰 당시에도 그랬지만 출판을 앞두고도 한결같이 '출연'을 겸연쩍어하며 사양했다. 하지만 나는 물러서지 않았다. 선생님들을 통해 겨자씨만한 희망이라도 보여 주고 싶었다. 설사 시시포스Sysiphos의 영웅적 열정 없인 '불가능'이라 해도 그래도 가능성은 수미산須彌山만 하다는 걸 보여 주고 싶었다.

과연 10년 혹은 7년, 혹은 1~2년의 세월을 뛰어넘어 날아온 선생님들의 편지-'그 후 이야기'는 내겐 또 하나의 기적과도 같은 것이었다. 선생님들의 마음, 선생님들의 목소리에는 여전히 아이들이, 아이들의 재잘거림이, 아이들의 눈빛이, 아이들의 고통과 행복이, 아이들의 영혼이 오롯이 깃들어 있었다……. 고맙고 고마웠다.

내가 만난 선생님들께, 만나고 싶었지만 그러지 못했던 선생님들께, 내가 모르는 무수한 '아이들의 선생님'들께 백석의 아름다운 시 한 구절을 바친다.

하늘이 이 세상을 내일 적에 그가 가장 귀해하고 사랑하는 것들은 모두 가난하고 외롭고 높고 쓸쓸하니 그리고 언제나 넘치는 사랑과 슬픔 속에 살도록 만드신 것이다.
초생달과 바구지꽃과 짝새와 당나귀가 그러하듯이
그리고 프랑시스 잠과 도연명과 라이너 마리아 릴케가 그러하듯이

2012년 정초, 해운대 누거陋居에서
윤지형

1부

어쨌든
아이들이 좋다

보리밭, 작은 연못, 풀벌레 그리고 미술 시간 | 임종길

'담임 전문가 & 수업 예술가'를 아시나요? | 박춘애

다시 활짝 펴질 그 마음의 파라솔 | 김명희

'체육의 창'으로 철학하는 한 체육 교사의 꿈 | 이병준

멈추지 않는 '사랑의 오프사이드' | 안준철

보리밭, 작은 연못, 풀벌레 그리고 미술 시간

임종길
경기 수원 권선고 (현 안산 양지고)

한 알의 모래에서 세계를 보며
한 송이 들꽃에서 천국을 본다

— 윌리엄 블레이크 〈순수의 전조〉 중에서

1

　도시의 중학교에서 일하는 한 미술 선생은 어느 날, 학교에 보리밭을 일구었으면 참 좋겠다고 생각한다. 까닭이 없을 리 없다. 그의 부단한 관심은 '환경교육'과 '미술 수업'의 인간학적 접목, 그 실제적인 만남에 있기 때문이다. 그런데 무릇 농사란 자연의 때를 거스를 수는 없는 법. 그는 꼼꼼하게 계획표를 작성하여 두 해에 걸친 '농사일'을 차근차근 실행해 나간다. 우선 내년 보리농사를 위해서는 당연히 올가을에 땅을 일구고 파종을 해야 한다. 겨울엔 보리밟기도 빼먹지 말아야 한다. 이 일은 뜻을 같이하는 동료 교사와 아이들, 공동의 몫이다. 그리하여 3월 새 학기가 열리자 그는 자신의 '작업'을 본격화한다.

　겨우내 숨죽이고 있던 보리밭으로 뭔지 모를 생기가 돌면서 싹이 트고, 그것이 하루가 다르게 힘껏 쑥쑥 올라오면 아이들은 그 싱싱한 초록 생명을 보고 느끼고 또 그린다. 그림도 번듯한 도화지에 그리지 않는다. 우유팩을 재활용한다. 그걸 쫙 펼쳐 씻어 말리고 안쪽의 얇은 비닐을 벗겨 내면 튼실한 그림 종이가 된다. 어느 틈에 풀벌레, 메뚜기도 날아든다. 들꽃도 잡초도 보리와 함께 자란다. 아이들은 쉬는 시간에도 삼삼오오 보리밭으로 달려간다. 마침내 보리밭은 황금빛으로 물든다. 보리 발치엔 이미 말라 버린 여름풀도 있고 가을바람에 다시 피어나는 꽃들도 있다. 비도 오고 바람도 분다.

그렇다고 예전에 우리가 볼 수 있었던 그 너른 황금 들녘을 상상하진 마시라. 2미터가량의 너비에 담벼락을 따라 50미터 정도로 뻗다 만 초라한 보리밭일 뿐이다. 게다가 운동장은 메마른 먼지만 풀풀 날리기 일쑤고 학교를 둘러싸다시피 한 고층 아파트들은 보리밭을 아주 고압적으로 내려다보는 판국이다. 눈총 받고 구석으로 내몰려 겨우겨우 숨을 쉬는 궁색한 형편인 것이다. 알량한 지식 쪼가리들을 우격다짐으로라도 아이들 머릿속에 쑤셔 넣는 게 교육이라고 믿는 몇몇 관리자들의 무관심이나 헛된 참견은 또 어떤가. 그러나 그런 속에서도 추수의 계절은 오게 마련이다. 아이들은 보리를 베고, 보릿단도 묶어 보고, 보릿대를 엮어 여치 집도 만든다. 그리하여 그 장한 물건이 교실 안팎에 걸리면 어느덧 파장이다. 파노라마처럼 펼쳐지는 이런 일련의 과정이 바로 미술 교사 임종길의 한 해 수업 내용인 것이다.

고백하건대, 나는 그의 첫 전자우편을 받은 그날부터 '무장해제'가 되고 말았다. '탐구'의 메스를 쥐었던 손에 맥이 풀려 버린 거다. 그를 직접 만나기에 앞서 나는 그의 약력과 정신적 편력(!)과 관련한 몇 가지 질문을 전자우편을 통해 던진 바였다. 그는 나의 요구대로 신속하게 답신을 보내왔고, 거기에는 그가 작년까지 근무했던 정왕고의 환경 사랑 동아리 홈페이지 '그·린·정·왕'도 덧붙여져 있었다. 그런데 나는 홈페이지를 클릭, 클릭해 들어가다가 '생각의 나무'라는 꼭지에 이르렀을 때 그만 콧등이 찡해지고 말았다.

'잔디 이야기', '다이옥신 이야기', '도롱뇽 이야기', '동강 이야기', '화분을 든 남자', '핵과 녹색잎' 같은 작은 제목들 아래의 짧은 글들은 그가 그린 한 컷짜리 펜 그림과 어울려 저마다 담백하고도 울림이 있는 메시지를 담아내고 있었던 것이다. 예컨대 '생명의 길이'는 새만금 간척 사업의 생태학적 심각성을 부드럽지만 단호한 목소리로 고발하고 있었다.

849킬로미터이던 생명의 줄이 10년 사이에 711킬로미터로 줄었습니다. 경인 지역 해안선의 길이입니다. (……) 구불구불한 해안선을 따라 무수한 생명체들이 살아갑니다. (……) 생명의 길이를 줄이는 곳, 새·만·금.

그런가 하면 난생처음으로 화분에 담을 흙 5천 원어치를 꽃가게에서 산 '화분을 든 남자'-교사 임종길은 아이들에게 독백인 듯 가만히 속삭이기도 한다.

암석이 자연의 영향을 받아 10센티미터의 흙으로 변하는 데 2천 년에서 3천 년이 걸린다고 합니다. 그렇게 만들어진 흙 1그램 속에는 7억에서 8억 마리의 박테리아가 살고 있답니다. 5천 원어치의 흙의 무게가 생명의 무게로 다가옵니다.

이렇듯 그는 한 그루 '생각의 나무'로, 그 '생명의 무게'로 내 앞에 모습을 드러낸 것이다.

2

초등학교 시절의 임종길은 "학교에 가지 않는 일요일이 가장 싫었다"고 한다. 그래서 본의 아니게 그는 "공교육의 혜택을 가장 많이 받으며" 자란 셈이란다. 어린아이가 감수해야 했던 "가정적 불행"이야 이젠 추억거리가 되었지만 그 덕에, 그러니까 집보다 학교가 더 좋았던 탓에 초등학교 6년 동안 줄곧 반장을 하면서 '우리들의 일그러진 영웅 엄석대' 노릇도 충실히 해내었다고 그는 털어놓았다. 딱히 누가 그를 꼭두각시로 만들었다기보다는 학급 일이든 선생님이 시키는 일이든 그저 곧이곧대로 열심히만 하려다 보니 그리된 것이다. 이를테면 반에 결석생이 있으면 그 집으로 리어카를 끌고 가 태워 오기도 하고, 민방공 훈련 시간엔 다리 아픈 급우를 업고 엄폐물인 플라타너스를 향해 뛰기도 하는 식이었다. 또한 그는 중학교 땐 군 단위 반공 웅변대회에서 열변을 토해 입상을 하는가 하면 고등학생 땐 '데모하는 대학생들은 모조리 총으로 쏴 죽여야 한다'고 믿어 마지않았다. 그러던 그가 사회에 눈을 뜨기 시작한 것은 수원에서 화실을 연 홍익대 출신의 어떤 '형'과 같이 뒹굴며 '그립시다' 생활을 하면서였다. 말기의 유신 체제, 5월 광주, 전두환 정권의 등장 등을 분명한 역사의식으로 인식하게 되는 건 좀 나중의 일이지만 방위로 군 복무를 마칠 즈음에 만난 그 화가 선배 덕에 그는 상당한 '의식화' 세례를 받고 충북대 미술교육과에 진학하게 된다.

늦깎이로 들어간 대학 4년은 세상의 변혁을 꿈꾸는 열혈 청년들이 흔히 그렇듯 그에게도 '질풍노도'로 다가왔다. "데모는 한 번도 빠진 적이 없었"지만 오스카 와일드적 '예술 지상주의'는 그의 마음에 불을 지르곤 했던 것이다. 한번은 술자리에서 그는 친구들에게 소리쳤다.

"아, 나는 정말 자유롭고 싶다! 나의 예술적 감정에 충실하고 싶다! 그러나 우리의 현대사, 우리 민중의 불행한 삶을 나는 외면할 수가 없다! 나 역시 나이가 들면 남을 위해 눈물 한 방울도 흘리지 않는 그런 사람이 되고 말까?"

물론 그렇지 않았다. 그 청춘의 나날로부터 강산도 변한다는 10년 세월에 몇 년이 더 보태진 지금 예술적 휴머니스트로서 그의 면모는 손상은커녕 더욱 빛을 발하고 있는 것 같으니까.

3

책 속에서 삶의 오솔길과 성장의 계기를 발견해 온 임종길은 '예비 교사-교생'들을 만나면 반드시 과제를 하나 내주곤 한다. 헤르만 헤세의 《유리알 유희》를 읽고 독후감을 써 올 것.

《유리알 유희》는 헤세 만년의 대작으로 매우 '교육적'인 소설이다. 《나르치스와 골드문트》도 그렇듯 지성과 사랑, 성과 속의 참된 합일을 지향한 헤세의 문학적 탐구가 더욱 심화된 이 작품은 '교사' 크네히트가 그의 벗 데시뇨리의 아들이기도 한 '제자' 티토를 따라 호수에 뛰어들어 죽음을 맞이하는 것으로 끝이 난다. 그 스토리의 전개나 작중 인물의 이름은 거의 잊어버린 임종길이지만 "어린 제자의 교육을 위해 목숨까지 던지는 교사의 헌신적인 삶"만은 그에게 선명한 기억으로 남아 있다. 대학 시절에 접한 에르네스트 르낭의 《예수의 생애》도 그렇게 읽혀졌고 도스토예프스키의 《카라마조프의 형제들》도 그랬다. 알렉세이 카라마조프가 '미래의 희망'일 수밖에 없는 아이들에게 한 마지막 말은 아직도 그의 귀에 쟁쟁하다.

"애들아, 이 사랑의 순간들을 영원토록 기억하렴."

1989년, 나이 28세가 되어서야 임종길은 강화도 부근 교동도라는 섬에서 "꿈같이 행복한" 교사생활을 시작한다.

"처음 몇 달은 월급 받는 것도 미안할 지경이었어요. 이런 직업이라면 돈을 내고라도 하고 싶을 정도였죠."

아이들이 좋았고 섬의 아름다운 자연도 너무 좋았다. 그런데 아이들과 함께 학교 뒷산에 올라 흐드러지게 핀 야생화와 사계四季의 정취에 마냥 취해 있을 수만은 없었던 건 그의 타고난 '생태론적 체질' 탓이었을까? 그는 어느 날 가난한 섬마을 사람들이 빈 병이나 고철 따위의 쓰레기를 육지로 수거해 갈 엄두를 못 내고 땅에다 그냥 파묻는 광경을 목격하게 된다.

"그때부터 거의 광적으로 환경문제에 덤벼들었습니다. 여자아이들에게 빨랫비누로 머리 감기를 요구하는가 하면, 음식물 찌꺼기를 물로 씻으면 하수가 오염된다고 그걸 햇살에 말려 솔로 털어 내자고 제안한다든지 하면서 말이죠. 나중엔 마을 사람들도 이래저래 호응을 했지만 지금 생각하면 그건 '기계적인' 차원을 벗어나지 못하는 것이었지요. 샴푸

안 쓰고 재활용만 잘하면 환경문제는 해결된다는 식으로 말이죠."

그러나 그 같은 순수한 '초심'이야말로 '환경-생태-생명론자'로서의 그를 여태껏 연면하게 지탱시킨 원동력이었을 터다. 어느 학교를 가든 그는, 안으로는 아이들과 더불어 환경 동아리를 만들고 밖으로는 '환경을생각하는전국교사모임(현 환경과생명을지키는전국교사모임)', '수원환경운동센터', '우리식물살리기운동본부' 같은 모임이나 단체와 부지런히 교통하며 핵심 활동가로도 활약하는 것이다. 두 번째 학교인 수원여중의 졸업생들이 그와 함께한 학창 시절을 '생애 최고의 날들'이라 추억하는 것도 임종길의 그 '초심'의 사랑을 읽었기 때문이리라. 세 번째 학교인 신설 숙지중에서 그는 마침내 환경교육과 미술 수업의 멋진 결합을 이뤄 내고 만다. 학교 담벼락을 따라 보리밭이 출렁이게 함으로써 말이다.

"그 학교에선 교화를 우리 꽃인 애기똥풀꽃으로 정하기도 했습니다. 학교 주변의 야산에 그 꽃이 많이 피어 있었거든요. 제가 다른 학교로 옮긴 후에 새로 오신 교장 선생님이 꽃 이름에 '똥'자가 들어 있다고 다른 것으로 바꾸려 했는데 아이들이 반대해서 그러진 못했다고 하더군요."

숙지중 다음 학교는 공장 오폐수의 악취와 공해로 사회문제가 된 시흥의 시화공단 부근 정왕고였다. 그로선 극악한 환경 상황과 맞닥뜨린 셈. 그러나 가는 학교마다 어떤 형태로든 환경-생태 수업으로 아이들의 마음에 조용한 혁명을 일으켰던 임종길이다. 그는 정왕 교정에 아이들을 위한 '랜드'을 건설(!)키로 한다. 랜드라니, 너무 거창? 아니다. 그는 '전 지구적으로 사유'하되 '우리 동네부터 실천'할 줄 아는 실사구시주의자다. 임종길은 교정의 잔디밭을 주목한다. 그가 보기에 '들어가지 마시오'라는 팻말만 꽂혀 있는 잔디밭이야말로 공연히 넓은 땅만 차지하고 있는 쓸모없는 땅이다. 그는 여기를 아이들이 즐거이 드나들 수 있는 자연의 작은 품 같은 쉼터이자 공부터로 만들 작정을 한다. 마음먹기가 쉽지 않아 그렇지 시작만 하면 크게 어려울 것도 없는 일. 임종길처럼 거기에 들꽃과 조롱박과 수세미를 부지런히 심고 물을 주기만 하면 된다. 그러면 풀벌레와 잠자리와 나비뿐 아니라 아이들도 자연스레 날아드는 것이다. 이곳이 이름 하여 '종길랜드!' 생태적 유토피아의 상징이라 할 이 작은 종길랜드의 경험을 통해 아이들은 자신의 학교와 집 가까운 곳의 공해 환경이 무엇을 의미하는가를 자연스레 알게 되었으리라. 달리 설명할 필요가 없이 말이다. 천국을 보여 줌으로써 지옥을 사유하게 했다고 할까? 그런데 그의 '랜드'는 학교 안에만 갇혀 있는 게 아니다. 그가 사는 아파트에서 그리 멀지 않은 곳엔 허름한 축사를 개조해 만든 그의 아틀리에가 있는데 그 앞에는 초현실주의 설치미술품을 연상케 하는 '물건'이 하나 놓여 있다. 이름을 달자면 '욕조 논(?)', 아니 '욕조 연못'이나 '욕조 습지'라고나 해야 할까? 그는 낡아서 버려진 플라스틱 욕조를 하나 주워 와 거기에 논흙을 담고는 벼를 두세 단 심었다. 지난가을, 놈은 훌륭히 자랐던 모양으로 새봄이 온 지금까지 마른 벼이삭을 그대로 단 채 조용히 흔들리며 서 있는 것이다. 거기로도 진작 잠자리나 메뚜기 몇 마리 날아들었으리라. 물이 마르기 전에는 그 위로 헤엄치는 소금쟁이와 뒷발질하는 개구리도. 진흙 속엔 미꾸라지도……. 한 폭의 그림 같

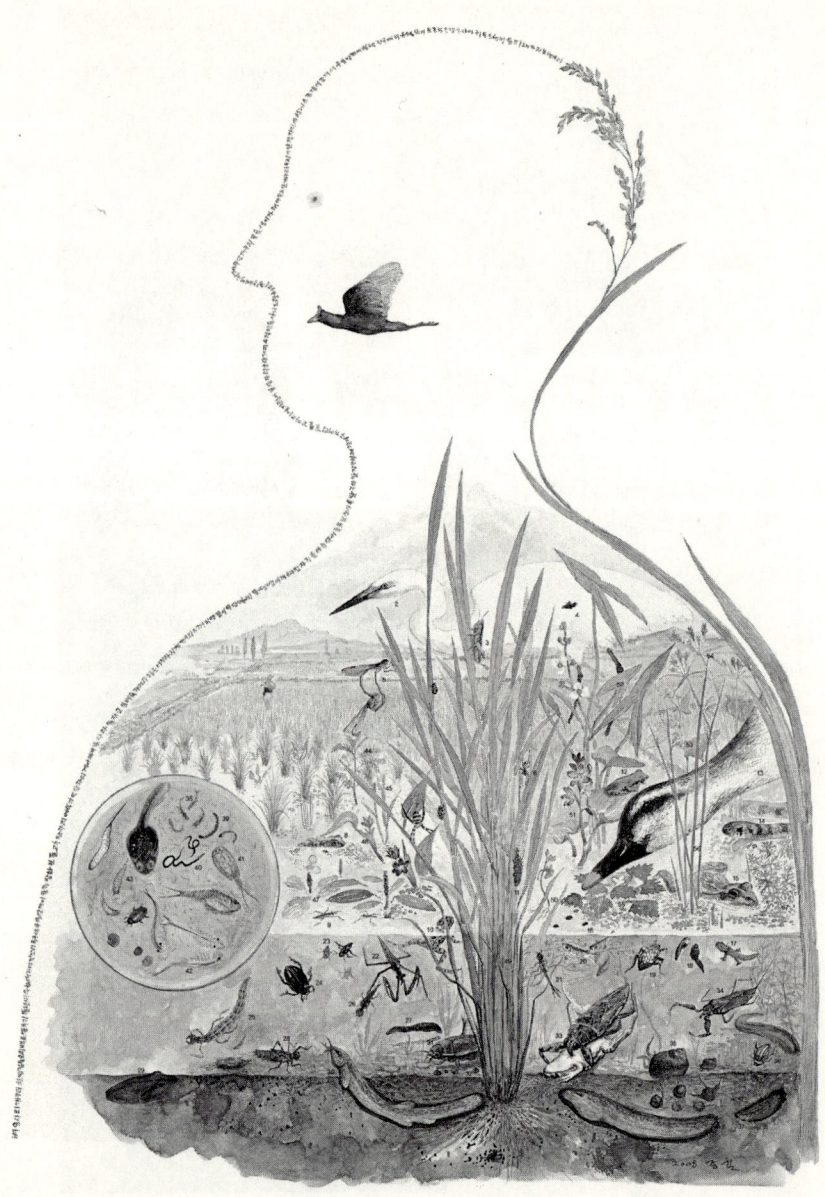

논, 2008, 임종길

은 빛나는 광경이 상상되지 않는가?

"학교마다 '작은 습지' 역할을 하는 연못이 있었으면 해요. 몇몇 가까운 학교엔 제가 직접 만들어도 주었지요."

4

그는 올해 수원에서도 '공부 지독히 시키기로 소문난' 인문계 학교로 왔다. 그로선 심히 수상쩍은 반생태적(!) 분위기. 그는 내게 스케치한 그림 한 장을 보여 주었다. 거기에는 불이 훤히 밝혀진 학교를 배경으로 교사와 아이들이 카메라 앞에 서 있는데 모두들 하나같이 꼭 같은 얼굴을 하고 있다. 밤늦도록 학습 노동-야간 자습에 시달리는 아이들과 그 아이들을 붙잡아 놓고 있는 학교, 그리고 교사. 그런데 한밤중에 웬 사진? 한 세대가 지나고 나면, 아니 다들 이 야만의 학교에서 벗어나면 우리에게 이런 시절도 있었다는 것을 증언하기 위해? 일순 나는 으스스해졌다.

새삼스레, 그에게 '교육관'을 물어봤다.

"대학 다닐 땐 교육은 '자극'이라고 생각했어요. 학보사에서 연재한 만화의 주인공이 바로 소크라테스의 '등에'였지요. 소가 잠들지 못하도록 끊임없이 피를 빠는 등에. 하지만 뒤에 니일, 헤세, 도스토예프스키를 읽으면서 교육은 '감동'이어야 한다고 생각하게 되었습니다. 지금도 그렇지요."

그러나 그의 '예술관'엔 '등에'의 철학이 고스란히 남아 있는 듯 보인다.

"게오르규의 《25시》엔 잠수함 속의 토끼 얘기가 나옵니다. 토끼는 산소가 부족해지면 사람보다 먼저 죽지요. 세상의 불행을 앞서 예감하고 경고하는 존재로서의 토끼. 그런 작가가 되고 싶습니다."

교직의 동반자이기도 한 그의 아내는 유별나다고 할 만한 그의 손, 뭐든 작정만 하면 만들어 내고야 마는 그 손을 사랑한다. 교동도 섬에서의 초임 교사 시절, 오직 그 손 때문에 그와 결혼을 결심했다고 말할 정도다. 손은 신성한 노동의 표상이다. 손은 머릿속 생각을 노동으로 열매 맺게 한다. 그 손으로 그는 새로 부임한 학교의 '철옹성'에 아름다운 균열을 낼 것이다. 임종길은 말했다.

"말로써 바꿀 수 있는 건 많지 않습니다."

그러기에 우선 그는 아이들이 잘 다니는 매점 쪽 길가 나무에 게시판을 만들어 걸어 놓을 작정이다. 연필과 메모지 비치는 필수. '필요악'이 되어 버린 학교 공부에 숨 막혀 하는 아이들과 최소한의 인간적 소통을 하기 위해서다. 그는 틈만 나면 게시판 주변의 나뭇가지 군데군데에 모종의 메시지가 담긴 쪽지를 꽂아 놓을 것이다.

"네가 서 있는 자리에서 왼쪽으로 다섯 걸음을 가면 거기, 이름 모를 꽃이 피어 있다. 그 꽃이 바로 제비꽃이다. 그걸 눈여겨보고 잘 기억해 두기 바란다. 종길."

이런 식이다. 그런데, 사람의 마음까지도 상품화할 수 있는 자본의 장악력 앞에 그의 손은 너무나 작아 보인다. 겨자씨보다도, 먼지보다도 작다. 하지만 나는 마흔 살의 섬세하고도 강한 임종길의 손을 다시금 생각한다. 어쩌면 전 우주를 온몸으로 떠받치고 있는 한 송이 들꽃 같은 그의 손을. 그리고 그의 손길을 기다릴 무수한 사물과 사람들과 아이들에 대해서도.

2002년 5월

임종길의 그 후 이야기

시간이 참 빠르다는 것을 새삼 느꼈습니다. 선생님께서 인터뷰를 위해 저희 집에 오셔서 아파트 앞 논길을 산책한 것이 엊그제 같은데 그게 벌써 9년 전 일이군요. 선생님과 함께 산책했던, 썰매장으로 쓰던 논에서 저는 그 이듬해 두꺼비 알을 발견했습니다. 그런데 그 두꺼비 올챙이들이 제초제로 모두 죽는 것을 보고 2004년부터 그 논을 얻어 무농약 계약 재배를 시작했습니다. 필요한 비용은 제가 운영하는 인터넷 카페를 통해 1계좌에 5만 원 하는 펀드를 모아서 마련했습니다. 그렇게 시작한 '두꺼비논'이 지금까지 이어지고 있습니다. 2005년에는 '두꺼비논 이야기'란 이름으로 책을 내기도 했지요. 두꺼비논의 1년 과정을 엮은 것이지요. 선생님께서 방문한, 작은 욕조 연못이 있던 아틀리에는 다음해에 '도토리교실'로 바뀌었습니다. 도토리교실은 제가 살고 있는 지역 분들과 함께하기 위해 만든 공간입니다. 지역의 작은 공방, 소박한 환경교육센터 같은 역할을 했으면 하고 만든 거지요. 도토리교실에서는 그동안 많은 일이 있었습니다. 무엇보다 도토리교실이 아니었으면 뿔뿔이 흩어져 각자 자신만의 생각의 방에 머물렀을 좋은 사람들이 거기에 모일 수 있었습니다. 학생들도 많이 찾아옵니다. 와서 자연을 가까이 체험하며 다양한 프로그램에 참여합니다. 이제 저 없이도 지역 분들에 의해

굴러가고 자리도 어느 정도 잡혀 가고 있습니다.

선생님을 뵐 때가 제가 새로 인문계고로 옮겨 와서 조금 힘들어할 때였던 것 같습니다. 새벽같이 등교해서 밤늦게까지 전혀 자율적이지 않은 야간 자율 학습과 지나친 규율에 힘들어하는 학생들을 보는 것만으로도 숨이 막혔지요. 그런데 그 고등학교에서 6년을 근무했습니다. 삭막한 학교에서 제 역할이 있었습니다. 환경 동아리 '꽃·사·모(꽃을 사랑하는 모임)'를 만들어 아이들과 함께 화단을 만들고 작은 연못을 만들었습니다. 공부에 지친 아이들에게 이런 것들이 작으나마 힘이 되고 위로가 되었겠지요. 대학에 가는 것을 최우선시하는 입시 교육 현실에서 예체능 과목이 담당할 감성 교육이야말로 균형을 잡아 주는 추와 같은 역할을 한다고 저는 믿습니다. 학교를 생태적으로 바꾸고 아이들에게 생태적인 감수성을 불어넣어 주는 일도 마찬가지라고 생각합니다.

보잘것없어 보이는 '작은 연못 만들기' 활동은 더 큰 울림으로 작용해서 학교에는 더 큰 규모의 연못이 만들어졌습니다. ㅁ자형의 학교 건물 중앙에 커다란 연못을 만들게 되었는데 정말 멋진 풍경이었습니다. 선생님도 보셨으면 '와!' 하고 감탄을 하셨을 겁니다. 연못 이름은 '하늘연못'. 류시화의 《하늘 호수로 떠난 여행》이란 책에 등장하는 이름이죠. 그곳 주변의 화단엔 아이들과 교감-소통할 수 있는 작은 게시판도 설치했습니다. 아이들은 지난 학교에서처럼 '종길랜드'란 애칭으로 화단 이름을 불러 주었구요. 6년을 보낸 학교를 떠나는 것이 아쉬워 외진 벽에 소박한 벽화 한 점을 그렸습니다. 큰 키의 말나리와 노루오줌, 비비추 등이 어우러진 꽃밭 그림이었습니다. 벽화를 그리고 있는데 여학생 한 명이 제게 작은 편지 한 장을 주고 갔습니다. 미술 시간에 자신의 생각을 재미있게 잘 표현했던 아이였습니다. 부끄럽지만 그 편지 일부를 옮겨 봅니다.

선생님의 정원, 선생님의 생각, 가르침, 그 모든 것들에 정말 감사드려요. 선생님이 아니었으면 몰랐을 것들, 느끼지 못했을 것들, 모두 보여 주셔서 감사해요. 선생님만의 아우라가 느껴지는 그 세계에 저를 초대해 주셔서 감사합니다.

아, 얼마나 감사하고 행복한 선물인가요? 그렇지요, 선생님? 이럴 때마다 저는 오래전에 심은 나무에서 달콤한 과실을 따 먹는 기분입니다.

4년 전 지금의 학교로 왔습니다. 오랜만에 담임을 했는데 중학교 생활은 마치 하루가 100미터 달리기를 하는 기분이었습니다. 제가 그동안 고등학교에서 담임도 안 하고 좋아하는 화단만 가꾸며 행복한 시간을 보내는 동안 학교가 많이 바뀌었다는 것을 알게 되었습니다. 성능 좋은 컴퓨터와 비싼 기자재가 들어찬 학교지만 학급당 학생 수는 별 차이가 없었습니다. 전체적으로 학급당 인원수는 많이 줄었다지만 서울 중심의 수도권 집중 현상의 피해를 보고 있는 셈이지요. 선생님들은 불필요한 업무가 많아 아이들과 이야기 한번 여유롭게 할 수 없고 아이들은 더 거칠어져 있었습니다. 제가 있는 학교는 여느 도심의 학교처럼 특별할 것 없는, 아파트 숲으로 둘러쌓인 학교인데 선생님들에게 무례하게 행동을 하는 아이들을 자주 볼 수 있었습니다. 처음에는 그런 모습들이 이해가 안 가고 적응도 잘 안 되었는데 그것도 시간이 흐르니 한편으로 이해가 갔습니다. 선생님들이 잡다한 업무와 수업에 정신없이 바쁜 것처럼 아이들도 학원과 학교를 오가며 정신없이 바쁘게 보내고 있었습니다. 무한 경쟁에만 내몰린 아이들도 제정신이 아니었던 것이지요.

이곳에서도 저와 아이들을 위해서 화단과 연못을 만드는 일을 시작했습니다. 다행히 옥상과 빛이 잘 들어오는 복도가 있어서 그곳이 제 새로운 터전이 되었습니다. 주로 반 아이들과 함께 틈틈이 화단을 가꾸었습니다. 처음에는 시키지도 않는 일을 하는 저를 경계심을 갖고 대하시던 교장 선생님도 적극적인 후원자가 되셨습니다. 덕분에 지저분하다며 없앴던 '생태 퇴비장'도 다시 만들고 빗물 저수통을 설치해서 수돗물 대신 빗물을 모아 화단과 작은 연못을 가꿀 수도 있게 되었습니다. 그렇게 바쁘고 행복하게 중학교 담임을 하다 작년에는 생전 처음으로 부장이란 보직을 맡았습니다. 제 관심 분야를 살려 환경부장을 했는데 다른 시각에서 학교 살림을 볼 수 있는 경험을 했습니다. 역시 담임이 힘들다는 것도 확인했구요.

틈틈이 하던 생태 그림 작업도 꾸준히 하고 있습니다. 연못 포스터를 시작으로 갯벌, 논, 물고기 포스터를 제작했습니다. 올해는 여섯 번째 개인전도 가졌습니다. 그리고 올해는 무엇보다 큰 변화가 있는 한 해였습니다. 저는 학교에 나가지 않고 있습니다. 교사 연구년제라고 들어 보셨지요? 교육부에서 추진하고 있는 연구년제를 진보 교육감을 배출한 경기도가 가장 적극적으로 시행하고 있는데 제가 운 좋게 그 대상이 되었습니다. 꿈같은 일이지요. 어느덧 꿈같은 일 년도 다 가고 있습니다. 올 초 두어 달은 학교에 나가지 않는 것이 불안해서 마음만 어수선하게 보냈습니다. 20년 동안 길들여진 몸이 방학이 아닌 시간에 쉰다는 것을 받아들이지 못한 모양입니다. 그래도 계절마다 짧게 여행도 하고 시간에 쫓기지 않고 밤늦도록 그림도 그려 보고 우리 동네를 관찰하고 기록하여 《열두 달 자연과 만나요》라는 책도 출간했으니 바쁘고 의미 있는 한 해였다 하겠습니다. 지금 와서는 조금 더 여유를 가질 걸 하는 후회가 없는 것도 아닙니다.

최근에는 제 연구 주제인 환경 교육을 위한 교재를 만들고 있습니다. 처음엔 선생님들이 활용할 수 있는 환경 교육 교재를 만들 계획이었는데 여러 학교를 방문하고 선생님들을 만나면서 생각이 바뀌었습니다. 교재보다는 선생님들이 환경 교육을 해야겠다는 생각을 하게 할 수 있는 책이 필요하다는 걸 알게 되었습니다.

선생님. 요즘은 예전 대학 시절이 자꾸 생각납니다. 예술 지상주의에 빠져 신 나게 보냈지요. 하지만 저 혼자만 즐기기에는 당시 사회가 참 암울했습니다. 대학생이 물고문으로 죽고 정의가 하수구로 숨어드는 시기였으니 행복할수록 미안하고 죄스러웠는데 요즘이 또 그렇다는 생각입니다. 최근에도 인근 아파트에서 시험 기간에 중학생 아이가 뛰어내려 생을 마감했습니다. 강과 산은 온통 파헤쳐져 신음을 하구요. 다시 나 혼자 편안한 것이 미안한 시절이 되었고 역사도 뒷걸음칠 수 있음을 알게 해 주는 시절입니다. 언제 한번 뵙고 쓴 소주 한잔 하면서 못다 한 얘기 나누고 싶습니다.

2011년 12월
수원에서 임종길

'담임 전문가 & 수업 예술가'를 아시나요?

박춘애
광주 서광중 (현 운리중)

1

담임, 담임이라. 그래, 정녕 담임이란 무엇이지?

박춘애, 그와 헤어져 돌아오는 부산행 고속버스 속에서 나는 이렇게 곱씹고, 되묻고 있었다. 내가 그를 만나러 간 것도 담임 이야기, 학급운영 이야기가 듣고 싶어서였고, 그래서 그도 내내 그 이야기를 했으니 아마도 잠시 센티가 된 탓이리라. 게다가 그는 내게 담임을 제대로 안 하는 선생이 어디 선생이냐고 추궁도 했던 것 같다. 순전히 방백傍白 투였으니까 그가 추궁을 했다고는 할 수 없다. 단지 내 편에서 먼저 지레 추궁당하고 있었을 뿐. 왜냐하면 나는 언제부턴가 담임이 거추장스러워졌고, 울며 겨자 먹기로 해야 하는 일 년짜리 잡무 같은 것이 되고 말았으니! 그랬다. 담임은 곧 교사의 존재 근거라는 너무도 명백한 사실을 깜깜 잊고서도 잘만 살아왔는데 제 무덤 제가 판 꼴인가? 나는 담임 중의 담임인 박춘애를 만나 버린 것이다.

"담임이 되어 학급운영을 해 보면 그것이 공功 하나를 들여 열을 얻게 되는 대단한 사업이란 걸 알게 되지요. 그 보람과 즐거움을 한 번만이라도 경험해 본 사람이라면 언제까지나 그걸 놓치고 싶지 않을 거예요."

나도 옛날 옛적엔 그랬던가? 아니다. 그는 나와 달랐다. 그는 팔을 걷어붙인 담임 전문가인 것이다. 자自는 극구 아니라고 하지만 많은 타他들은 아주 공인公認을 하고 있는 담임 전문가 박춘애. 누구나 맡기면 할 수 있는 담임 일에 무슨 '전문'씩이나? 반문도 있을 법하다. 집에서 살림을 열심히 하는 평범한 주부를 가사 노동 전문가라 하지 않듯 교사의 일상인 학급운영을 좀 잘한다고 거기에 전문가라는 이름을 붙이는 것이 좀 어색한 것도 사실이다. 그러나 박춘애는 말한다.

"학급운영은 전문성입니다."

담임에게 전문성이 요구되는 이유는 명백하다. 무엇보다 교사는 '사람의 삶을 다루'기 때문이다.

"아이들의 존재보다 더 소중한 것이 있는가요?"

그러기에 모종의 철학과 방법론이 없을 수 없다. 우선 그는 학급이란 무엇인가를 묻는다. 동시에 담임은 어떤 존재여야 하는가도 묻는다. 무릇 교사는 이런 물음에 진지하게 대답해야 한다고 그는 믿는다. 그래야 '보다 나은 교사로서 삶을 채찍질해 주는 훈련 교관'인 학급운영 계획서가 마련된다는 것이다. 그 계획서의 방대한 세부 목록은 요약정리를 거부한다. 모두가 땀과 실천을 요구하는 구체적인 일감들이기 때문이다. 그래도 짧게 일별은 해 보자.

'우선 나 자신을 돌아볼 것.'
왜? '끊임없는 자신 가꾸기를 통해서만이 학급운영의 성과는 결정되니까.'

그다음엔 '학급운영의 목표, 교사의 목표를 정할 것.'

이런 목표와 함께 제시되는 학급운영의 원칙은 대체로 소박하다.

교사는 '아이들 스스로 하게 한다. 결정된 일이나 약속은 반드시 지킨다. 편애하지 않는다. 일관성을 유지한다.' 그럼 학생들은? '아침 자습, 조회, 청소, 일기, 봉사 활동, 생일 잔치, 학습 도움 주기, 상담, 주말 집중 과제, 학교행사 참여, 그 외의 일상 활동들……'을 '두레' 중심으로 한다. 다시 말해 협동과 상호 소통을 통해 그야말로 자발적, 주체적으로 활동한다는 것이다. 시행착오는 있게 마련이다. 그럼 교사의 역할은 무엇인가? 그는 아이들의 활동을 점검하고 선도하고 채근하는 일의 하나로 '주말 나눔 글'을 써서 반 공책에 붙여 놓는다. 이를테면 다음과 같다.

시험 끝나자마자 반 합창 연습하느라 고생이 많지? 어제 연습하는 거 보니까 너무 잘하더라. 나는 언제나 니들이 사랑스럽고 좋아. 엄지랑 민경이도 연습 열심히 해라. 전시회에도 최대한 실력을 발휘해서 참여하고 신인왕전에는 이것저것 가리지 말고 열심히 도전해 봐. 축제 끝나면 우리 반 소풍이지? 즐거운 날의 연속이구나. 이번 주 주번들 수고했다. 환경 두레야, 경진아, 늘 깨끗한 교실 만들어 주어 고맙다. 선도 두레야, 늘 지각 단속하느라 힘들지? 지각을 줄이는 방법도 연구 좀 해 보자. 두레장들아! 두레원들 챙기느라 고생들 많았다. 시험 결과에 관계없이 너희의 수고에 격려를 보낸다. 과정에 최선을 다했으면 만족하는 거다. 주말 나눔의 일 - 파트 연습 완벽하게!!!

2001년 10월 13일

나로선 읽기만 해도 눈이 빙빙 돌 지경이지만 발령 초기엔 이 정도가 아니라 그야말로 '별짓을 다' 했단다. 체육대회다, 단합 대회다, 생일 잔치다 하면서도 공부도 일등 해야 하고 매달 신문도 만들어야 하고, 학급문집은 당연히 만들어야 하고, 또 방학이라고 가만히 앉았을 수 있나? 아이들 하나하나에게 줄 작은 선물도 마련하고 조별로 테마 소풍이든 여행이든 반드시 끌고 가야만 직성이 풀렸다는 그다.

"그런 거 욕심대로 다 안 하면 선생 아닌 줄 알았죠. 난 좋은 선생이 되어야 해! 자기 암시 같은 것도 해 가며 아주 몸부림을 쳤다고나 할까요?"

2

1965년생. 전남대 84학번. '1987년 당시 총여학생회 회장. 그해 6월항쟁을 5.18 광주와 겹쳐 생각하는 사람이라면 그 격동의 역사 한가운데서 있는 그를 상상하기 어렵지 않을 것이다. 그는 여학생의 몸으로 삭발까지 하고서 많은 열혈 청년 학도들이 그랬듯 금남로로 도청 앞으로 뛰어다니며 그야말로 '역사 속에 몸을 내던진다.' 수배도 당한다. 하지만 6.29선언 뒤끝이라 운 좋게 감방은 가지 않는다. 1988년 2월에 졸업을 해서는 일 년간 광주여성회에서 활동. 다음 해 4월 수십 대 일의 공개 선발 과정을 거쳐 광주 시내 사립 D여고에 공채되어 교단에 선다. '도무지 교단에 설 수 없는 이력'이었지만 그 학교에 막 구성된 평교사협의회의 소속 교사들이 교내 인사위원회에 대거 참여하게 된 덕을 톡톡히 본 것이다. 그러나 그는 넉 달 만에 해직되고 만다. 그해 5월 전교조가 결성되자 노태우 정권은 여름방학을 기해 전교조 교사 '대학살'을 자행했으니까. 새내기 교사 박춘애는 이를 피해 가지 않았으니까.

"유신 시절 해직 공무원이셨던 시아버님이 제게 신신당부를 하셨어요. 넌, 공무원답게 살아라. 제게 참 잘해 주시고 또 믿어 주신 아버님이었지만 그땐 어쩔 수가 없었답니다. 시어머님과 남편, 온 가족이 다 '공모'를 해서 아버님께만 해직 사실을 내내 속였지요. 중풍으로 쓰러져 돌아가신 지 3년이 되었는데 그걸 생각하면 지금도 마음이 짠하고 죄송스러워요."

그러니까 '좋은 선생이 되고 싶다'는 그의 서원誓願은 1994년 공립학교로 복직을 하면서 비로소 이루어지기 시작한 셈. 그는 복직 후 8년을 단 한 해도 안 거르고 담임을 맡는다. 처음엔 좋아서 자청했고 최근엔 기간제 교사가 많아진 탓에 빠질 수 없어서도 그랬다. 여하튼 그는 저 '신 나는 담임'을 놓칠 수가 없다. 그럴 수밖에 없는 것이 그가 보기에 교사란 '학급운영을 통해 비로소 자기 정체성을 발견하고 또 성장'하기 때문이다.

그럼 수업은?

그야 좌左가 학급운영이면 우右는 당연히 수업이다. 학급운영의 큰 원칙들은 수업에서도 그대로 적용되어 더욱 꽃피어 난다. 우선 수업은 매

시간 준비되어 있어야 한다. 수업 준비 안 하는 교사가 어디 있을까 만은 박춘애의 준비는 유달라 보인다. 우선 그는 방학이 더 바쁘다. 한 학기 수업 준비가 방학에 다 이루어진다. "그렇지 않고서야 어떻게 개학을 맞이하지요? 그건 불가능해요." 그가 맡은 도덕 교과는 특히 '사고력을 키우는 교과'이기 때문에 교과서를 재구성해야 하고, 활용할 갖가지 자료를 사전에 준비하지 않으면 안 된다는 것이다. 어떤 소견머리 없는 권력자는 '선생들은 방학 때 노는데도 월급을 주냐'고 한 적이 있다지만 그건 박춘애에겐 모독이다.

"수업은 예술입니다."

교사와 학생이 함께 주체적으로 참여함으로써 비로소 완성되는 예술로서의 수업. 혹은 학기별 일련의 공동 창작 벽화로서의 수업. 그래서 필경 그 속에는 교사와 학생의 창조적 성장 변화 과정이 고스란히 살아 숨 쉬고 있다면? 이건 상상만 해도 즐거운 일이다. 어쨌든 아이들은 '수업의 짱'인 박춘애의 도덕 시간을 기다린다. 어쩌다 학교행사 때문에 도덕 시간이 빠지면 아이들은 못내 섭섭해한다. '아~이 씨, 오늘 도덕 든 날인데' 이러면서 말이다. 요즘 아이들, 말도 안 듣고 집중도 안 한다며 쉽게 학급 붕괴를 거론하는 세태를 그는 받아들일 수 없다. 이해가 안 가는 건 아니지만 정작 문제는 수업과 학급운영에 임하는 교사의 열정과 '교육얼'이 있느냐 없느냐에 있을 뿐이다. 그가 말하는 '교육얼'은 사전적으로 풀면 '교육에 대해 견지하고 있는 정신적 줏대'라 하겠는데 나는 '영혼의 교육을 위한 철학과 패션passion'이라 말하고 싶다.

"어쩌다 보니 이곳저곳 다니면서 학급운영의 방법과 경험을 전해 주는 전도사 노릇을 하게도 되었지만, 정말 중요한 것은 기술 이전에 '교육 얼'이라 생각해요. 그것의 출발이자 종착점은 바로 아이들에 대한 믿음이구요."

그런데 '믿음의 교육'에 대한 믿음이 날이 갈수록 무너져 가고 있음을 모르는 교사가 있을까? 학교 안팎으로 횡행하는 무한 경쟁 논리는 '믿음의 교육'과는 거리가 먼 이데올로기로 작용하고 있지 않은가. 그럼에도 박춘애에게는 그것을 포기할 수 없도록 만드는 하나의 기억이 있다. 그는 해직 당시 교문에 매달려 울던 아이들, 비가 줄줄 내리는데 운동장으로 끌어낸 책상 앞에 앉아 농성을 하던 그 어린 처녀 아이들을 잊을 수가 없다 했다. 아물지 않는 상처와도 같고 마음속에 각인된 첫사랑의 추억과도 같은 그런 기억의 힘은 아름답고도 무서운 무엇임에 틀림없다.

"아이들은 어른들이 무슨 짓을 하고 있는지 다 보고 있잖아요? 도무지 속여 먹을 수가 없는 거죠."

그러니까 그의 교육얼, 그의 교육철학을 굳이 어렵게 풀지 않아도 좋겠다. 아이들이라는 거울에 자신을 그대로 비춰 보는 일이야말로 그의 교육얼의 씨앗인 것이다.

3

"왜 교사가 되었지요?"
"어쩌다 보니 이렇게 되었어요."

우문에 우답이랄까? 아니 우문은 우문인데 우답은 아니다. 어쩌다 보니 그랬다는 건 어리석은 답이 아니라 솔직한 답일 뿐이다. 잘난 대한민국 선생이 되는 데 무슨 그리 큰 연유가 있겠는가. 사실 정작 물어야 할 것은 선생 되고 난 다음의 생각이고 그 삶이다.

"'여자 직업은 교사가 최고'라는 고3 담임선생님의 권유로 사범대에 진학했지만 교사가 될 줄은 몰랐죠. 지금 와서 보면 교사가 잘 되었다 싶기도 하지만, 정작 학창 시절엔 한 번도 내 미래를 구체적으로 생각할 기회를 갖지 못했어요. 어릴 적부터 자신의 꿈과 미래를 설계해 나가는 것이 얼마나 중요한지는 교사가 되고 나서 비로소 알았죠."

그래서 그는 그걸 그의 아이들에게는 하나하나 알아가게 하고 싶다. 이를 위해 '나의 꿈 나의 미래'를 주제로 포트폴리오 형식의 개인별 수행평가 과제를 낸다. 그런 과제는 교사에게 먼저 큰 일거리를 안겨 주게 마련이지만 그는 끈질기게 아이들 생각의 전개 과정을 살피고 챙긴다. 그래야 아이들은 그 과제를 일 년 내내 하나의 화두로 간직하게 된다는 것이다.

"그냥 '니 꿈을 말해 봐' 하는 식으로 숙제 내고 방치해 두면 아무 소용이 없습니다. 나는 무엇을 꿈꾸고 있는가? 나는 왜 그걸 꿈꾸는가? 그럼 현재의 나는 어떤 상태인가? 그걸 이루려면 무엇을 해야 하는가? 궁극적으로 어떤 삶을 살 것인가? 이렇게 계속 스스로 탐구해 나가도록 도와줘야 합니다. 그러면 분명 성공을 거두게 되지요."

그런데 그러한 '탐구'가 어찌 학생들만의 몫일까? 교사인 박춘애의 몫이기도 하다. 수업, 학급운영, 교사로서 삶, 이 셋은 삼위일체로 그가 탐구해야 할 중요한 과제인 것이다. 그리고 그는 그 과제들을 혼자서가 아니라 모임을 통해 함께 풀어내기를 좋아한다. 이를테면 1990년대 초쯤 만들어진 '광주학생생활연구회'에는 세 분과가 있는데 교육정책 분야인 '가·치·봄'(가지 치는 봄), 청소년 문화 분야인 '바·보'(바라보기), 그리고 '아·담·꿈'(아름다운 담임을 꿈꾸는 모임)이 그것이다. 박춘애는 '아·담·꿈'의 오랜 핵심 멤버였다. 지금은 광주 도덕교사모임에 참여하고 전국 모임의 사무국장으로 뛴 적도 있고 한동안은 도덕 수업을 통한 성 평등 교육에 관심을 가지기도 했지만, 그는 다시 '아·담·꿈'으로 돌아가고 싶다. 누가 뭐라 해도 그에겐 '아름다운 담임을 꿈꾸는 일'이 가장 매력인 모양이다. 아니 매력 이상인 것 같다. 그는 말한다. "'아·담·꿈'은 제 교육적 고향과도 같은 곳이죠." 그래서, 그는 학교 안에다 그 '고향'의 분점을 열었다. 간판 이름은 '산소 한 모금.'

"처음엔 누구나 올 수 있는 열린 모임으로 시작했어요. 시간이 지나면서 고정 멤버가 짜였죠. 학급운영을 놓고 토론도 하고 경험담도 나누고 하는데 다들 너무 좋아하는 거 있죠. 산소도 한꺼번에 너무 많이 마시면 몸에 해롭다죠? 그래서 일주일에 한 번, 한 모금씩인데, 그래도 그게 어디 쉬운가요? 약속한 요일이 얼마나 빨리 돌아오는지 몰라요. 자료 준비하느라 바쁘고 힘은 들지만 학교 안의 이런 모임만큼 소중한 게 있을까요? 누구라도 먼저 나서서 함께할 수 있는 판을 만드는 게 필요합니다."

그러고 보니 그는 '판/마당' 만드는 데 일가견이 있는 것 같다. 학교에 전교조 분회를 새로 만들어 내는가 하면 옮겨 간 학교의 분회가 침체되어 있으면 이를 살살 되살려 놓기도 한다. 또 있다. 이전 학교에 근무할 때 그는 학생 축제를 학생회가 자치적으로 해 나갈 수 있도록 하는 데 한몫을 단단히 했다. 어린 중학생들이었지만 학교가 나서서 '그럴 수 있는 판'을 만들어 주자 축제의 준비·진행·평가까지 모두 훌륭하게 해냈다고 했다.

4

그는 올해 들어 '기천氣天'이라는 전통 무예를 배우기 시작했다. 문자 그대로 심신 수련을 위해서다. 그만큼 몸과 마음이 휴식을 요구했다는 뜻이다. 지혜로운 수련은 최상의 휴식을 가져다주는 법이지 않은가?

"정말이지 좋은 선생이 되겠다고 나름대로는 몸부림을 쳐 온 것 같아요. 아직 지쳤다는 생각은 안 들지만 나를 한번 찬찬히 돌아봐야 할 때가 온 것 같아요."

그렇다. 그는 아직 젊긴 하지만 자신을 돌아보는 일만큼 소중한 일이 달리 있으랴? 이제껏 그는 '언제나 든든한' 남편을 비롯해 '이해심 많으신' 시모와 '엄마 지지자'인 두 아이 덕에 앞만 보고 잘도 내달렸다. 그래서 누구보다 열심히 살았고 또 괜찮은 선생 노릇을 해 왔다는 자부심도 없지 않았다. 그러나 그는 요즘 자신의 이기심에 대해 생각한다. 잘해 보겠다는 욕심도 혹시 나의 이기심에서 나왔던 거 아니냐고 그는 자문해 보는 것이다. 보다 근본적으로는 이타심이란 것도 이기심의 다른 얼굴일 때가 많으니 그의 반성이 느닷없는 것은 아니다. 각설.

'좋은 선생, 좋은 담임이 되기 위해' 보여 온 젊은 교사 박춘애의 '몸부림'(이기심이 아니라)을 뭐라 말하면 좋을까? 나는 그것을 첫사랑의 선물인 신선한 열정의 카오스라 말하고 싶다. 그 창조적 카오스 말이다. 너무 화려한 수사인가? 하지만 나는 생각해 본다. 그래, 교사 박춘애가 경력 9년이라는 짧지 않은 카오스의 훈련 과정을 거쳐 온 셈이라면 그는 머지않아 모종의 코스모스에 이르게 될 것이라고. 그는 글쎄요, 하며 고개를 가로저을 테지만 어쨌든 코스모스, 그것은 잘 숙련된, 그리고 인간 존중을 중심에 놓는 그런 전문가의 속성임을 우리는 안다.

2002년 11월

박춘애의 **그 후 이야기**

2002년 가을에 선생님을 처음 만났을 때 아마도 저는 온갖 잘난 체를 하며 교사라면 당연히 이렇게 살아야죠, 큰소리 뻥뻥 쳤을 것입니다. 그래서……, '그 후'의 제 모습을 선생님께 드러내야 하는 게 참으로 괴롭습니다. 이럴 줄 알았으면 그때 인터뷰에 응하지 않았어야 하는 건데…… '아~ 내가 괜히 그랬어!' 후회막심입니다.

저는 올해 새로 학교를 옮겼습니다. 물론(!) 담임도 맡았고요. 새 학교라 무엇보다 동료 교사와 아이들이 저를 이상한 선생으로 보지 않도록 '음, 말이 통하는 사람이네' 하는 인상을 받을 수 있게 나름의 전략과 전술을 구사하며 살아왔습니다. 지금은 한 학년이 마무리되어 가는 시점인데 아이들은 나를 어떤 교사로 생각하는지, 또 동료들은 나를 어떻게 평가하는지 많이 궁금합니다.

선생님을 만난 후에도 여전히 담임을 했고, 여전히 나눔 쪽지를 만들어 날마다 종례 시간에 나누어 주었습니다. 학급운영이나 수업에 관한 강의를 적잖게 다녔는데 그래서 많은 선생님, 많은 아이들, 많은 학부모들을 만났습니다.

저는 여전히 교사로서 행복하고 싶고 담임으로서 행복하고 싶습니다. 그러기에 다른 선생님들께도 담임으로서 느낄 수 있는 행복이 무엇인지 강조해서 말해 드리고 싶고 아이들에게는 교실 안에서의 자치 경험과 공동체 교육을 통해 삶을 스스로 살아갈 수 있는 힘을 길러 주고 싶습니다. 그리고 학부모들에게는 이런 학교를 믿고 아이들을 맡겨 달라고 말하고 싶습니다.

그럼에도 저는 요즘 좀 괴롭습니다. 지금 학교는 교사에게 기다릴 수 있는 여지를 주지 않습니다. 한 아이가 나에게 마음을 터놓지 못하는 경우 나는 그 아이가 마음을 열 때까지 배려도 하고 인내도 하면서 기다릴 수 있어야 하는데 그런 시간을 주지 않는 것입니다. 뭐든 당장 해결해야 합니다. 경고 몇 번 주고, 그다음은 선도위원회, 그다음은…… 하는 식이지요.

저는 여전히(!) 교사는 인간 문제의 전문가여야 한다고 생각해요. 교사는 어떤 문제 상황에든 가장 적절하고 효과적인 방법으로 대처할 수 있는 사람이어야 하는 것이지요. 그래야 사회도 학교를, 교사를 믿겠지요. '선생님이 그러시는 데는 그만한 이유가 있겠지' 이러면서 말이에요. 그런데 현실은 그렇지 않습니다. 그저 교사를 불신하여 무슨 조례를 제정하고, 평가를 하고, 차등 성과급 같은 걸 만들어 내는 풍토로만 나가고 있잖아요? 어째서 이런 일이 벌어졌을까요? 왜 우리는 사회에 믿음을 주지 못한 걸까요? 교육 전문가로서 우리, 잘할 수 있는데 모두 자기가 교육 전문가라고 우겨요. 학부모는 학부모대로 정책 입안자는 정책

입안자대로 아이들은 아이들대로 다들 큰소리를 치는군요. 이런 사회 분위기가 된 데는 제 몫의 책임도 있겠지요. 그래서 반성도 하고 다시 힘을 내자 다짐도 하지만 맥이 빠져요.

요즘은 초청 강의할 때 만나는 선생님들에게 이렇게 말하곤 합니다. "담임 노릇을 수당으로 받는 11만 원어치만 하면 안 될까요?" 그러면 선생님들은 "어떻게요?" 하고 반문하죠. 제 대답이 이렇습니다.

"음…… 그러니까, 등교 시간이 9시인데 아이가 10분 늦게 오면 '너 지각했다고 출석부에 기록한다' 이렇게만 말하는 거죠. '왜 지각을 했니? 무슨 일이 있었니?'라고는 절대 안 물어보고! 기말고사 치기 전날 '컴퓨터용 사인펜 가져오세요, 안 가지고 오면 시험 못 쳐요' 하고 알렸는데도 다음 날 '선생님, 저 사인펜 안 가져왔는데요' 하는 아이가 있으면 '어제 선생님이 분명히 말했죠? 니가 알아서 하세요' 그러는 거예요. 이러면 담임할 만하지 않겠어요?"

모든 선생님들이 박장대소하고 웃더군요. "그렇네. 아이들에게 잘해준다고 월급 더 주는 것도 아닌데" 하면서 말이죠.

다른 지역의 한 아이가 우리 학교로 전학을 와서 일어난 일을 말씀드릴게요. 사전에 전학 사유를 꼼꼼하게 검토했더라면 우리가 받지 않았을 수도 있는 아이. 마침 우리 옆 반으로 배정이 되어 그 반 담임선생님이 날이면 날마다 그 아이와 승강이를 벌이는 모습을 보곤 했지요. 아이는 결국 교육청에서 운영하는 상담 시설에 보내졌다가 다시 유예 처리가 되었는데 그렇지만 그건 담임교사에게 엄청난 상처와 좌절감을 안겨 준 다음의 일이었지요. 학부모 입장에서는 어떻게 선생이 되어 가지고 중학생 아이 하나를 못 잡아 그 난리냐고 말할 수 있겠지만 그것은 전쟁이었습니다. 아이는 아이대로 발악하고 교사는 교사대로 일상의 수업과 업무 속에서 자신의 목숨을 걸어야 할 정도의 그런 전쟁. 그 아이를 맡았던 선생님은 2학기에 우리 학교로 와서는 한 학기 동안 심화 연수를 떠난 선생님을 대신해 담임을 떠맡았는데 엎친 데 덮친 격으로 전학 온 그 아이까지 받았던 겁니다. 전쟁은 아이를 학교에서 내보내는 것으로 끝이 났는데 이게 우리만의 잘못은 아니겠죠? 그렇지만 마음이 너무 아픕니다. 아이에게도 그 선생님에게도.

일 년 전 선생님께 쓴 편지에 제 딸 은재가 고등학교 1학년을 딱 10개월 다니고는 자퇴를 했다는 얘기를 했었지요? 아이는 혼자 자신의 길을 찾고 혼자 준비를 해서는 원하던 일본미술대학에 멋지게 합격했어요. 공교육을 거치지 않고 부모의 도움도 없이 말이죠. 근데 아이가 입학을 위해 일본에 머무르던 때 대지진이 일어났고 후쿠시마 원전 폭발 사태가 터졌습니다. 저는 아이를 일본에 둘 수가 없었어요. 처음으로 아이에게 내 의견을 강요했어요. '학벌, 공부 아무리 중요해도 이 세상에 네 생명보다 더 소중한 것은 없다. 엄마는 너를 절대로 일본에 못 보낸다.' 결국 은재는 대학을 포기했어요. 그런데 고맙게도, 여전히 자신의 삶에 당당해요. 제가 '엄마도 이젠 연금만 나오면 학교 그만두고 싶다'고 푸념했더니, 녀석이 하는 말이 이래요.

"에이, 엄마는……. 이 세상에는 나 같은 아이들만 있는 게 아니야. 엄마 같은 선생님의 도움이 필요한 아이들이 얼마나 많은데!"

정말이지 제 전망을 아이들 속에서 발견하고 지켜 가고 키워 가고 싶습니다. 새 학년 새 학기가 되면 전쟁 같은 나날 속에서도 다시금 미소 가득 머금고 아이들을 만나겠지만, 하지만 저는 순직하지 않을 정도만, 내가 행복할 정도만, 그 정도만 하고 싶다는 생각도 합니다. 그렇지만 어쩌죠? 제 마음은 또한 이렇게도 소리치네요.

"니들이 아무리 뭐라 그래도 나는 내 식대로 한다! 그러다 그만두라면? 그래, 그러면 그만두지 뭐!"

2011년 12월
광주에서 박춘애

다시 활짝 퍼질 그 마음의 파라솔

김명희
경북 안동여중 (현 봉화 재산중)

1

　김명희, 그를 일단 '의심'해 보기로 했다. 그 의심이 '이뭣꼬'와 같은 고명한 화두는 아닐지라도 하나의 '참구參究'는 되어 마땅한 까닭부터 말해야겠다. 안동으로 그를 만나러 가기로 한 전날 밤이었다. 전화를 넣은 내게 그는 약간 민망해하면서도 날아오는 화살처럼 분명한 어조로 이렇게 말했다.

　"몇 년 전부터 감동이 사라지고 말았습니다. 당혹스럽기 그지없는 일이었지요. 근데 그게 지금까지 이어지고 있답니다."

　그는 인터뷰 날짜를 뒤로 미루었으면 했고 가능하면 인터뷰 약속 자체를 없던 일로 할 수 없겠느냐고 했다.

　"도무지 할 말이 없는 걸요."

　그것은 호소에 가까웠다. 아니 그보다 훨씬 심각할지도 몰랐다. 어째서 이런 일이 벌어졌을까? 듣건대 그는 "걸어 다니는 감탄사"였고 "나의 감동이 곧 남의 감동을 불러오는", '감동의 명수'라지 않았던가? '나는 아이들과 함께 내내 행복과 감동 속에서 살아왔노라'고 주저 없이 말할 수 있는 그라고도 했다. 게다가, 우리는 곧 이를 확인하게 되겠지만, 그는 자부심이 하늘을 찌르고 열정 또한 대단한 실력파 국어 교사인 것이다. 그런 그가 어째서 어느 날부터 문득 "캄캄한 굴속을 걷게" 된 것일까? 올해로 나이 쉰셋인 그에게 의사는 '폐경기'를 그 직접적인 이유라고 진단 내렸다지만, 갱년기에 이른 여성은 몸과 마음의 변화를 충격적으로 경험하게 된다고는 하지만, 단지 그 때문만일까? 이제는 산전수전을 다 겪고 난 후의 단단하면서도 넉넉한 마음 밭을 지녀 마땅할 그가 여성이라면 다들 맞게 되는 폐경기 따위로 아주 무참할 정도로 무너질 수 있는 것일까? 아니 그래도 좋단 말인가? 여기엔 다른 까닭이 있지 않을까? 지금도 "교실에서 아이들만 보면 절로 치열해진다"고 말하는 그는 "교실 밖으로 나서는 순간부터" 끝없는 나락 같은 곳으로 떨어지고 마음은 한없는 "결핍"을 느낀다는 것이다. 이쯤이면 그를 한번 '의심'해 보는 것도 무익한 일은 아니지 않을까? 대체 뭐가 문제지……?

2

내 '의심'에 더욱 불을 지른 것은 그가 최근 강연회 같은 데에 나가 후배 교사들에게 힘주어 들려주는 말 하나가 '나부터 행복해지기'라는 사실이다. 나부터 행복해지기가 어때서? 당장 반문할 분들이 있을 줄 안다. 하지만 너무나 지당한 말씀은 바로 그래서 때론 의심해 볼 만한 것이 되고 만다. 나는 그에게 묻지 않을 수 없었다.

그럼 여태 당신은 그걸 몰랐단 말인가. 물론 그가 몰랐을 리는 없다.

"예전에도 알았던 것이 이제 와서 더욱 선명해졌다고 할까요? 그럴 때도 있지 않나요? 한참을 돌아서야 애초 가까이 있었던 어떤 진실을 비로소 발견하게 되기도 하니까요."

그는 이렇게 말했다. 왜 아니리요. 그러나 의문은 남는다. 그렇다면 그는 여태 충분히 행복하지는 않았다는 그런 말인가. 그는 또한 말했다.

"나부터 행복해지기 위해서는 나를 정직하게 바라보고 나를 제대로 아는 것이 전제되어야 하겠지요."

이러니 나는 다시 묻지 않을 수 없는 것이다. 당신은 진정 그걸 몰랐단 말인가. 자기 성찰을 통해 자기를 발견하는 일을 소홀히 하거나 무시하는 한 행복은 한갓 헛된 망상에 불과하다는 것을?

3

아니다. 행복에 관한 한 그는 누구에게도 밀지지 않는 삶을 살았다 해야 한다. "북청 물장수에 버금가는 교육열을 가진 아버지" 때문에 열두엇 어린 나이에 시골 예천에서 서울로 "유학"을 가야만 했던 그가 "깍쟁이 같은 말씨의 서울 아이들"에게 주눅이 들어 "늘 자신 없고 내성적이며 소심한 소녀"로 우울하게 중학 시절을 보낸 것이야 고진감래의 성장통이라 해도 좋을 것이다. 그 시기를 지나자 "사방이 호수"인데다 "팔을 펼치면 구름을 잡을 수 있는 높은 산자락에 위치한" 춘천 성심여대의 교정과 기숙사에서 그는 마침내 "자연과 함께 책을 발견(!)"하게 되었던 것이니까.

자연과 책이 만나면 무엇이 될까? 이것은 그가 자신에게 던져 보는 질문인데 스스로 내놓는 대답이 자못 놀랍다.

"격정적인 사람이 된다! 그 정열이 안에서만 이글이글 타는!"

어쩌면 당연하게도, 1976년 3월 사립인 안동 길원여고에 부임하자 행복의 빛나는 연료이기도 한 그 열정은 교실의 아이들에게로 신 나게 타오른다.

"나만의 공간일 수 있었던 3층의 한 전망 좋은 방, 그 상담실에서 하루 종일 책을 읽고 글도 쓰고 수업 준비를 하고 있노라면 나는 목관악기처럼 편안해졌습니다. 그리고 아이들을 만나 수업을 하는 교실! 그곳은 제게 해방구나 다름없었답니다."

그 처녀 교사는 봄날의 종달새마냥 노래하지 않고는 견딜 수 없는 순정한 낭만주의자였음이 틀림없다. 박정희 시대, 저 어두운 유신의 그늘도 신군부의 피비린내 나는 광주 학살도 아마도 그에겐 먼 나라 이야기였다.

그런데 그런 그가 어떻게 1989년 여름 이른바 '전교조 사태' 때는 "주저 없이" 해직의 길을 택했던가? 그건 가장 소박한 휴머니스트조차도 역사의 전면으로 나서게 만들 만큼 세상이 바뀐 탓도 있겠지만, 한편으론 그의 낭만성의 내적 요구 때문이었으리라. 순정한 낭만주의자는 냉철한 역사주의자보다 더 래디컬할 때가 많지 않은가. "아니, 학교에서 매사 그토록 행복해하던 당신이 어째서?" 당시 동료 교사들과 몇몇 지인들은 의아해했다지만 그들은 아마도 서구의 초기 낭만주의의 혁명적 성격을 미처 생각 못 했으리라.

4

거리의 교사 5년여 만에 학교로 복직을 하자 김명희의 행복을 위한 발걸음은 빨라졌다, 고 나는 굳이 쓰고 싶다. 행복을 위한 발걸음? 차라리 행복의 발걸음, 행복한 발걸음이라 하는 게 더 옳을 것도 같다. 김명희는 일단 제쳐 놓고 이 땅의 교사들에게 한번 묻기로 하자. 교사로서 가장 행복할 때가 언제입니까? 대답은 여러 갈래이겠지만 그 시원始原은 단 하나, 감히 단정해 보건대, '교실에서 수업이 잘되었다고 느낄 때, 혹은 실제로 그러할 때'가 아닐까? 여기에는 교사와 학생 간의 소통, 인간적 믿음과 유대감, 수업 준비의 충실함, 창조적인 교수법, 자기 교과의 전문성 등 모든 것들이 녹아 있을 터이니까!

그러므로 내 질문에 대한 김명희의 대답은 더욱 명쾌할 수밖에 없다. 그는 교실에서 수업할 때가 가장 즐겁고 행복하다고 했다. 누군가 내게 교사 김명희의 제1명제를 구성해 보라 한다면 나는 데카르트를 빌려와 이렇게 말할 것이다. '나는 수업을 아주 잘하고자 한다(혹은 잘한다). 고로 나는 행복하다.' 왜냐하면 그는 자신이 맡은 반 아이들에게 이런 공언까지 한다고 했으니까.

"국어에 관한 한 나를 믿고 따르기만 하면 된다. 딴 걱정은 조금도 하지 마라. 학원에 갈 필요도 없다."

이 같은 자부심과 확신에 찬 자신감은 자기 교과에 관한 한 사통오달, 이론과 실천을 두루 겸비한 교사가 아니고는 감히 가질 수가 없으리라. 단, 조건은 하나 있다. 그가 국어 수업을 맡는 학생들은 입학한 1학년 때부터 졸업하는 3학년까지 그와 함께 가야 한다. 요컨대 그는 아이들을 반드시 "3년을 데리고 올라가"는 것이다. 그리하자면 교사는 3년간의 수업 계획을 아주 뚜르르 꿰고 있어야만 한다.

"1학년 때의 수업 목표는 '의사소통'입니다. 남의 말을 이해하고 자신을 표현하는 일에 익숙하게 하는 것이지요. 무엇보다 표현 교육의 중요성을 일깨웁니다. 그래서 이론은 짧게 하고 무조건 책을 많이 읽게 합니다. 독서 감상도 요구하는데 글뿐 아니라 인터뷰나 광고, 연극, 노래 등 다양한 형식을 다 열어 놓지요."

2학년에 들어가면 그는 의사소통이 좀 더 체계적이 되기를 바란다. 아이들은 자신의 생각을 표현할 때 교과서에 있는 개념어를 사용할 수 있고 또 자신의 삶과 지식을 연관시키는 훈련을 하게 된다. 교과의 비중은 더 커진다. 그리하여 3학년이 된 아이들은 1, 2학년 때 쌓은 모든 활동의 경험들을 디딤돌 삼아 "교과서를 연구하고 분석하여 그 응용과 창조까지" 나아간다. 그런데 3년을 같은 교사에게 배우는 걸 지겨워하는 아이는 없을까? 대단한 행운을 잡았다고 생각하는 아이들이야 더없이 좋겠지만 그렇지 않은 아이들은? 그러나 이런 우려에 대한 그의 대답은 좀 단호하다.

"3년에 걸쳐 아이들 하나하나의 학습 정도와 발달 상황을 꾸준히 관찰하고 직접 대화도 즐거이 합니다. 이를 바탕으로 학습 목표와 수업 방식을 조정해 나가는데 저는 이것을 '수업의 흐름 타기'라 부르지요. 제 수업에서 나도 모르게 소외되는 아이는 아마 없을 것입니다."

그가 자신이 경험한 것, 발견한 것들은 어떤 방식으로든 수업으로 가져가고 마는 건 또 어떤가? 복직 첫 학교였던 예천여중 시절 "들꽃을 처음 발견(!)했다"는 김명희는 그것을 곧장 수업으로 이어 갔다. "장미나 백합만 꽃인 줄 알았던 아이들"은 야외에서 하는 국어 수업 시간을 통해 꽃마리라든가 봄맞이꽃이라든가 하는 들꽃, 그 새로운 생명과 만나는 즐거움과 함께 저도 모르게 시의 세계 속으로 빠져든다. 아이들의 입에서 '너무 예쁘다'는 감탄이 절로 나오면 김명희는 "꽃보다 더 예쁜 아이들"에게 김춘수의 시 〈꽃〉을 읽게 한다. 음미해 보라고 한다. 눈앞의 꽃을 바라도 보고 만져도 보고 온 오감으로 느껴 보라고 이르는 것이다.

그런데 그런 수업 장면이 아무리 훌륭하고 아름답다 해도 대학 입시를 목전에 둔 대한민국 인문계 고교에서는 불가능한 거 아닌가? 아예 시도조차 안 하는 게 아이들에게 이득이 되지 않을까? 이런 의혹성 질문이야 한두 번 들어온 김명희가 아니다. 그는 대답한다. 아니 반문한다.

"만약 아이들이 수업 중의 일상적 독서와 토론, 자기 생각 발표를 통해 난공불락의 교과서를 오히려 비평할 수 있는 안목을 얻게 된다면? 교과서에서 배울 박목월의 시 두어 편을 대하기 전에 이미 그의 시집이나 평전을 교사와 함께 읽어 낸 아이들이 있다면? 아이들과 열심히 놀다 보면 어느 사이엔가 교과서 진도는 절로 다 나가 있는 셈이 된다면? 그러고도 암기와 문제집 풀이에만 죽어라 매달린 학생들보다 성적이 결코 뒤지지 않는다면? 아니 오히려 그들보다 더 낫다면!?"

5

고백건대 나는 교사 김명희 앞에서 내심 입이 딱 벌어졌다. 누가 교실 붕괴를 운운했던가. 도대체 정이 안 가는 요즘 아이들 때문에 선생 할 맛 안 난다고 징징거리는 나는 누구인가. 학교를 구석구석 점령해 버린 것만 같은 신자유주의의 망령적 권력 때문에 숨이 막혀 죽을 것 같다고 하소연해 온 나는 또 누구인가? 아니 거창하게 멀리 갈 것도 없다. 갈수록 수업이 재미없는, 교실에서 행복하지 않은 나는 정말 선생이라 할 수 있는가?

그런데 '이 사람을 보라.' 그는 그 붕괴, 그 소통 불능, 그 막강한 경제 논리들을 교실에서 수업이라는 가장 부드러운 무기로 일거에 격파해 왔으니! 그의 무기가 아직도 미덥지 않다면 우리는 다시 한번 눈을 크게 뜨고 '이 사람'을 볼 필요가 있다.

김명희에겐 자신이 존재하기 위해선 반드시 필요한 비용이라는 의미에서의 '존재비存在費'라는 게 있다. 그것은 여행비다. 그런데 그게 왜 꼭 존재비로까지 승격되어야 하는가? 그야 그가 여행을 무척 좋아해서이지만 다른 이유가 하나 있다.

보라. 그가 어느 날 소록도 땅을 밟는 것은 거기가 한하운의 시비 〈보리피리〉가 있는 섬이자 이청준의 소설 《당신들의 천국》의 무대이기 때문이고 수업 중에 아이들과 그 작품을 읽고 얘기를 나누었기 때문이다. 또한, 그가 경기도 반월 샘골 마을로 향하는 것은 그곳이 《상록수》의 주인공 채영신의 모델이 된 최용신의 고향이기 때문이며 그가 못 견디게 홍도에 가고 싶은 것은 '홍도와 자연'이란 단원 수업을 잘해 보기 위해서다. 그럼 그가 '제주 기행' 단원을 가르칠 때면 절로 신이 나는 까닭은? 그것은 제주도를 무려 아홉 번이나 드나들면서 그 바람 타는 섬의 구석구석을 이미 돌아봤기 때문이다. 그뿐 아니다. 거기에서 그는 "제주도 토박이들의 외국어 같은 방언", 그중에서도 '아래아' 음을 어렵사리 녹음해 와서는 '언어와 사회' 단원에서 잘도 써먹는 것이다.

"가는 곳마다 사진을 찍어 두고 그 지역의 분위기를 코와 가슴으로 마구마구 흠뻑 빨아 당기곤 하지요. 교실로 돌아가서 아이들에게 그걸 한껏 풀어낼 수 있게 말이죠."

아니 그 이전에 여행지에서 바로 아이들에게 엽서를 보내지 않고는 못 배기는 그다. 아이들이 받는 엽서의 발신지는 이효석의 《메밀꽃 필

무렵》의 무대일 때도 있고 김영랑 생가가 있는 강진일 때도 있으며《토지》의 평사리나 이육사의 시비 〈청포도〉 앞일 때도 있다. 심지어는 베트남도 있다. 그는 거기에서 만난《사이공의 흰옷》의 실제 주인공들에게 사인을 받아서는 "그들의 해방 투쟁에 뜨거운 박수를 함께 보냈던 옛 제자"에게까지 엽서를 보내고 마는 것이다.

6

이쯤 해서 나는 그만해야 할지 모르겠다. 애초 '의심'의 칼날을 세웠던 나는 갈수록 미궁에 빠져드는 것만 같지 않은가? 하지만 내친걸음, 끝을 안 볼 수는 없다. 나는 내 목을 더욱 옥죌 그의 '동료 장학'에 대해서도 말해야 한다.

"지보중에서 연구부장을 맡으면서 자발적인 동료 장학을 제안했지요. 처음에는 전교조 조합원 선생님 두 분으로 시작했는데 점차 학교 전체 차원으로 발전했습니다."

기본적으로 수업 공개, 교과를 넘나드는 상호 참관, 상호 평가로 이루어지는 동료 장학은 쉽다면 쉽고 어렵다면 어려운 무엇이다. 한마디로 교사들이 오직 마음만 활짝 열면 만사형통萬事亨通이지만 그게 안 되면 만사휴의萬事休矣다.

김명희가 주도한 그것은 만사형통은 아닐지라도 동료 교사들에게 쉽지 않은 첫 경험을 하게 만들었다는 점에서 훌륭한 성과다. 그들은 현실

적 부담감이나 불필요한 거부감을 떨쳐 냈다는 것이고 그리하여 자기 수업에 대한 새로운 의욕과 자신감을 얻게 되었던 것이니 말이다.

그가 '경북 예천 국어교육연구회' 회원들과 함께 하고 있는 국어과 동료 장학은 더 재미있고 알차 보인다. 일곱 명의 구성원은 69학번 대선배에서 까마득한 96학번 후배에까지 두루 섞여 있지만 그들의 한결같은 바람은 수업을 잘하는 것이다.

각자 돌아가며 자신이 맡은 신문 수업, 연극 수업, 독서 수업, 통일 수업 등을 하면 그때마다 다들 그 학교로 달려가 참관을 하고 동료 장학이 이루어진다. 한번 만나면 서너 시간이 넘게 활발하고도 흥미진진한 평가 토론이 이어진다고 했다. 어떤 선생님은 동료 장학과 그 멤버가 너무 좋아 다른 지역으로 전근 가고 싶지 않다고 할 정도라니 알 만한 일이 아닐 수 없다.

7

아니다. 내 의심의 칼날은 꼬리를 감추거나 도망을 친 게 아니다. 그건 금방 무뎌질 수 있는 성질의 것도 아니다. 단지 숨죽여 숙고하고 있었을 뿐이다. 왜냐하면 명백하게도, 김명희는 우리가 지금까지 보아 온 저 모든 빛나는 성취에도 불구하고 어느 날 갑자기 "원인도 정체도 모를 극심한 우울"과 "원망, 미움, 노여움, 억울함"에 휩싸이는가 하면 사람들에게는 "냉담"해지고 일상은 "권태" 그 자체로 변해 버렸다니까! 그것이 단지 갱년기나 폐경기가 몰고 온 몸의 변화 때문만은 아니라는 의혹을 그도 나도 떨칠 수가 없으니까! 그리고 이런 사태를 그저 시간만 지나면

묻혀 갈, 누구나 올 수 있는, 감정의 일시적 혼란기 정도로 쉽게 정리하고 재빨리 안정하고 싶지는 않으니까! 어쩌면 그것은 그가 살아온 삶, 그가 스스로 일백 퍼센트 정당하고 일백 퍼센트 행복하며 그래서 그 정당성과 그 행복의 비결을 다른 사람에게도 계몽하고 전파하여야 한다고 믿는 그의 삶 전체에 대한 전면적 도전이고 전면적인 부정일지도 모르니까! 이건 너무 무례한 의혹인가? 그럼 이렇게 물어보도록 하자. 그는 2003년《우리교육》에 연재한 '수업 이야기'를 통해 아이들과의 만남과 소통, 행복의 철학, 자기표현의 소중함, 그 방법과 사례 등을 열심히 말했고 전교조 여성 조합원들을 위해서는 '인간관계와 의사소통'을 주제로 강연도 심심찮게 했던 것이지만, 그래서 그들의 공감도 얻는 것이지만, 그 모든 마땅하고 옳은 행위와 말들이 일순 생기를 잃고 혼돈에 빠져버린 이 현재 진행형의 사건을 우리는 어떻게 받아들이고 이해해야 하는가.

김명희는 서른여덟에 해직이 되었을 때 전교조 이전의 자신의 삶 14년을 "무지했기에 행복에 겨워 살았던 시절"로 회고했다. 그때 그는 무엇에 무지했던가? 전교조 운동에 참여하면서 그는 어떤 무지에서 벗어났던가? 지금은 어떤 무지가 그를 혼돈에 빠트리고 있는가? 복직 후 오늘까지의 10여 년 삶을 그는 어떻게 돌아보고 있는지? 혹 예전과 꼭 같이 '그 행복도 무지에서 비롯되었다'고 말하고 싶은 건 아닌지……?

아니다. 나는 모른다. 내가 아는 것은 그가 오늘 곤경에 처했다는 사실이다. 아니 그것조차도 나는 모른다고 해야 한다. 곤경의 정체를 바로 알면 이미 그것은 곤경이 아니다. 오히려 하나의 새로운 깨달음일 뿐이다.

김명희는 노천명의 시 한 구절을 떠올리며 자신은 지금 "파라솔을 접듯 마음을 접었다"고 말했다. 사람들은 여전히 그에게서 자신만만하고 완벽하며 감동으로 충만해 있는 모습을 보는 것이지만, 그래서 그에게서 봄날의 찬란한 햇살 아래로 활짝 펴진 파라솔만 읽고 가는 것이지만 그는 어쩌면 제멋에 펴질 대로 펴졌던 마음의 파라솔이 펴진 그만큼 안으로 안으로만 접혀 가고 있음을 속절없이 바라보고 있을 뿐인 것이다.

나는 그 파라솔이 언제 어떻게 다시 펴질지 알지 못한다. 그러나 오늘 나는 생각한다. 펴진 파라솔은 접히기 마련이며 접힌 파라솔만이 활짝 다시 펴질 수 있다고. 그러므로 오, 가슴 벅찬 곤경이여! 축복받을 궁핍한 영혼이여! 접혀서 더 아름다울 우리 마음의 파라솔이여!

2005년 11월

김명희의 그 후 이야기

윤 선생님.
작년 4월 봄엔 저, 이랬습니다.

월요일을 앞둔 일요일 밤이나 수업 시작 종소리가 들릴 때 그리고 교실로 가기 위해 계단을 오르고 이윽고 교실 문을 열기 직전에 일어나던 설렘과 두근거림이 요즘 다시 고스란히 살아오는 것을 느끼고 있다. 오래전에 잃어버린 줄 알았는데 아니었다. 나는 아직도 여전히 수업을 기다리고 있는 것이다. 몸이 아픈 것, 병이 든다는 것도 때로는 새로운 계기가 된다는 사실을 잊지 말아야 할 것이다. 기차는 길고 캄캄한 굴속에 들어가 안 보여도 여전히 굴러간다. 굴을 나와서는 더 환하고 힘차게 기적소리 울리며 잘도 달리지 않는가. 지금이라도 접었던 파라솔을 다시 펴게 된 것을 기쁘게 생각하며, 나의 여력을 아낌없이, 특히 나의 인생 후배요 동지인 여교사와 여학생들에게 쏟아 붓고 싶다면 남성 동지들이 서운하게 여기실까……. 교실에서 더 이상 다른 행복이란 없다. 이때의 죽음을 순직이라 부른다면 내 소원은 순직하는 것이다.

'활짝 퍼진 파라솔' 아래에서 함박웃음을 짓곤 했다고 할까요?

그런데 요즘은 '함박웃음에서 또다시 절망으로'라고 해야겠습니다. '이 꼴 저 꼴 안 보고 죽어야지.' 옛 어르신들의 이런 푸념이 새록새록 떠오르곤 하니까요. 하루에도 골백번 마음이 곤두박질치고, 어제 좋았던 마음이 오늘은 지옥 같아지곤 합니다. 그럴 때마다 옛 어르신의 푸념의 말씀이 순간이나마 저를 구원해 주는 것이지만 사방을 둘러보아도 희망보다는 절망이…….

우선 몸과 마음이 약해졌습니다. 어깨와 팔의 통증이 계속되는가 하면 한의사 조카가 백 년에 한 번 나올까 말까 하다고 찬탄한 위장 상태도 급격히 나빠졌군요. 저녁에 반 공기 밥에도 허우적댈 정도. 반평생 동안 변동 없던 몸무게도 60킬로를 훌쩍 넘어서 볼썽사납기가 이를 데 없구요.

정신 상태로 말하자면 일을 시작할 때는 광적으로 몰입하여 성공리에 치르는데 그것이 끝나면 즉시 허무와 고독이 파도처럼 몰려옵니다. 며칠이고 무기력에 진저리를 칩니다. 지역의 대안 학교에서 교사로 와 줄 것을 요청받았을 때 저는 사양했습니다. 내가 가진 모든 것을 공교육에 바쳐야 마땅하다고 하면서 말이지요. 그런데 지금 공교육 현장은 날이 갈수록 '인간'이 없습니다. 전교조 해직 교사로 5년 남짓 학교 밖에 있다가 교실로 돌아왔을 때 '참교육'으로 하나가 되었던 학생들이 모두 사라진 것만 같았는데 지금이 꼭 그렇습니다. 무섭습니다. 물질 만능, 경쟁 만능의 세상에서 사람의 탈을 쓴 동물들만 잔뜩 독을 품고 앉아 있는 것만 같아서지요. 그래서 힘이 빠지곤 합니다. 국어 교사로서 내 능력과 가치가 아직은 쓸모가 있지, 있고말고, 어깨 으쓱하며 교실 문을 나오곤 하지만 다음 날은 그 모든 보람과 기쁨은 가짜인 것만 같은 겁니다. 왜 내가 정년까지 가겠다는 말을 하고 돌아다녔는지……!

나이 드는 것도 잊을 정도로 이제껏 교단에서 학생들과 함께 원기 왕성하게 살아온 탓에 부모님도 '결혼'이라는 것으로 저를 옥죄지는 않았습니다. 며칠만 지나면 제 나이도 어언 예순. 지난번 갱년기를 겪을 때, 초등학교에 비해 중등학교에는 나이 든 여교사가 많이 없다는 사실을 알고는 충격을 좀 받았습니다. 그럼에도 그때 전 이렇게 야멸찬 다짐을 했었지요.

"평범한 여교사로서 정년을 맞이하는 전례를 만들어 보리라. 무표정하고 고집스럽고 괴팍한 할머니가 아닌, 관대하고 유머를 겸비한 멋진 할머니 선생님의 전형을 보여 주리라……!"

그렇게 교사로서 남은 삶을 살고 싶습니다. 그러나 투명한 것, 선명한 것, 유능한 것을 좋아하고 서툴고 미숙한 아마추어 교사를 끔찍이도 싫어하는 내가 과연 멋진 할머니 선생님으로 교단생활을 마무리할 수 있을지 자신은 없습니다. 하지만 내일은 내일의 태양이 떠오를 것이고, 저는 또다시 제 본래의 자산인 자존심으로 최선을 다하여 저를 불태우며 살아갈 것 같습니다.

2011년 12월
안동에서 김명희

'체육의 창窓'으로 철학하는 한 체육 교사의 꿈

이병준
서울 목동중 (현 경상대 체육교육과)

1

　시쳇말로, '맞아 죽을 각오를 하고' 이런 문답부터 해 보기로 한다. '체육 교사'를 단 두 자로 줄이면? 답은 '육과'다. 그럼 이때의 '육' 자는 무슨 육? 이것 역시 물어보나 마나다. 이름 하여 고기 '육肉'이다. 세상 사람들은 의아해할지 모르지만 이게 무엇을 의미하는지 모르는 교사는 없다. 그 자신 '육과'인 이병준 스스로 '체육 교사의 걱정거리'란 글에서 담담하게 토로한 바대로 그 말은 '단순 무식'에 '비이성', 심지어 '폭력'까지 암시하고 있는 것이다. 여기에 일정한 사회적 '편견과 선입견'이 개입해 있다는 건 두말할 나위가 없지만 체육 교사에 대한 이런 이미지로부터 이병준인들 완전히 자유로울 수 있을까? '타인의 시선은 곧 지옥'(사르트르)이라고 하지 않았던가. 그러므로 체육 교사에게 덧씌워진 사회적 '시선'이 아무리 부당한 것이라 하더라도 그것은 엄연히 실재하면서 '이병준들'을 유형무형으로 압박해 왔다는 것을 우리는 부인하지 못한다.

　물론 나는 그와의 메일 인터뷰와 자료를 통해 그가 몇몇 매체에 체육 관련 글을 지속적으로 써 왔다는 것, 석사 학위에 이어 박사 과정 공부를 계속하고 있다는 것, 일찍부터 '전국체육교사모임'에서 주도적인 역할을 했다는 것뿐 아니라 교육부 산하 '교육과정심의위원회'에 교원단체 대표 자격으로도 참여하고 있다는 사실을 이미 알고 있었다. 말하자면 그는 세간에서 말하는 '육과'와는 거리가 먼 게 틀림없었다. 하긴 그가 단순히 육과에만 그쳤다면 그를 만나러 갈 까닭도 없었을 터이다. 그럼에도 그와 만나는 날이 가까워질수록 내 마음 한 모퉁이에는 어떤 두려움 같은 것이 자리 잡았다. 그것의 정체는 무엇이었을까? 독일의 대문호 토마스 만은 소설《토니오 크뢰거》에서 '고뇌하는 천재 예술가'와 춤추기를 좋아하는 '심신 건강한 시민'이라는 두 인물을 대비시키면서 '시민'을 향한 '예술가'의 절망과 선망에 대해 그리고 있다. 그러니까 내 두려움은 이런 선망의 감정에 가까운 무엇이 아니었을까? 나 같은 책상물림들은 대개 '빛나는 몸의 언어'에 용감하고 진실한 사람, '몸'과의 대화를 통해 자신과 세계를 이해하고 만나 가는 사람, 요컨대 '이병준들'에 대한 두려움 섞인 선망을 품게 마련인 것이다.

2

이 땅의 학교는 우리 아이들의 몸을 어떻게 다루고 있는가?

체육 교사 이병준과의 만남을 준비하면서 나는 문득 이렇게 자문해 놓고는 내심 깜짝 놀랐다. 한 번도 그런 질문에 답해 본 적이 없었기 때문이다. 입시 경쟁, 지식 교육 일변도의 학교교육이 아이들 몸을 얼마나 억압해 왔는지를 아주 몰랐다는 말이 아니다. 커진 체격에 비해 체력은 오히려 형편없다는 사실이 국민적 걱정거리가 된 지도 이미 오래 아닌가 말이다. 하지만 과연 우리는 이 문제를 제대로 고민해 본 적이 있는 것일까? '지·덕·체의 조화로운 함양'이라는 고전적 의미의 교육 목표가 빈말에 지나지 않았다는 사실을 감안한다 해도 아이들의 몸이 학교 안에서 어떤 대접을 받고 있는지에 대한 사회적 관심은 턱없이 부족해 보인다. 물론 적지 않은 이들이 '인권은 학교 교문을 들어서는 순간 멈춘다'는 뼈아픈 질타도 하고, 아이들은 아이들대로 온갖 전근대적인 규제가 상존하는 학교에 나름대로는 '온몸으로 저항'을 해 왔던 것도 사실이다. 그러나 불행히도 몸의 자유를 억압하는 학교 체제 자체는 조금도 변하지 않았다. 한번 묻기로 하자. 학교 일과 중에 중고생들이 자신의 몸을 '해방'시킬 수 있는 시간은 얼마나 될까? 해방이란 말이 너무 거창하다면 그저 뛰어놀 수 있는 시간이라고 하자. 답은 뻔하다. 일주일에 한두 시간에 불과한 체육 수업이나 무용 수업과 짧은 점심시간이 전부인 것이다. 그 엄청난 나머지 시간은 오로지 교실에서 앉아 견뎌야 한다. 그러므로 학교를 통해 강건하게 성장해야 할 아이들의 몸은 거꾸로 학교 때문에 기형적이 되고 쇠약해진다고 해도 과언이 아니게 되어 버렸다.

사정이 이쯤 되고 보면 체육 교사라는 직업을 하나의 소명으로 받아들이고 체육을 통해 자기 삶의 완성을 추구하는 듯 보이는 이병준으로선 숨이 막힐 지경까지 간 건 아닐까? 그럼에도, 그는 이 야만적인 학력 지상주의 나라에서, 포기할 수 없는 자신의 '체육 철학'을 아이들과 함께 풀어내고자 한다. 어떻게? 어디를 출발 지점으로 해서? 그는 우선 이렇게 말했다.

"몸과 공은 정직합니다."

그런데 이 소박한 한마디는 내 폐부를 찔렀다. 정직이라! 이때의 '정직'은 공 운동의 과학성이나 몸의 생물학적 반응 같은 것과는 다른 차원의 어떤 고매한 인간적 가치를 가리키고 있지 않은가? 게다가 우리는 정직이 이래저래 추문이 되는 시대에 살고 있다! 이런 의미에서 '건전한 몸에 건전한 정신'이라는 오래된 금언은 '정직한 몸에 정직한 정신'으로 대체되어 마땅할 것도 같다. 애매한 정치적 수사일 때가 많은 '건전'보다는 '정직'이 훨씬 정직해 보이니까.

3

예전의 시골 방앗간 집은 약국집과 함께 '추억의 잘사는 집'이다. 그러나 충남 홍성에서 7남매 중 장남으로 태어난 이병준 집안의 방앗간은 일찌감치 번영과는 담을 쌓게 되는 바람에 그의 형제들은 어린 시절부터 새벽 신문을 돌리며 학교를 다니는 처지가 된다. 그는 색약인 줄도 모르고 지망한 공고에 떨어져 낙망했는데 결과적으로 그것은 전화위복이 되었다. 그 후 그는 고향을 떠나 상경, 1년간 인쇄소에 다녔는데 모친의 '강권'으로 서울의 고등학교에 진학하게 되고 결국엔 우리나라 최고 명문대에 들어가기까지 했으니 말이다. 체육과의 인연은 고교 시절 '키 작고 젊은 국어 선생님'과의 만남에서 시작됐다. 그에게 종종 술까지 권했다는 그 선생님은 타향 땅의 학교에 정을 못 붙여 운동에만 열중해 있는 그의 손을 이끌어 축구부에 들게 했다는 것이다. 나중에는 육상부로 옮겼지만 그는 '그저 공 차는 재미로' 학교를 다녔다고 한다.

1980년대라는 격동기의 대학은 당연하게도 이병준을 성장시키고 변화시켰다. 83학번인 그는 졸업을 한 학기 앞두고 사회 진출을 준비하면서 '내가 가장 잘할 수 있는 일이 무엇일까'를 진지하게 고민한다. 당시 많은 열혈 청년 학도들의 가장 큰 숙제는 "바람직한 사회 변혁을 위해 나는 무엇을 할 것인가"였다. 이병준은 '교사를준비하는모임'에 참여하면서 "교사로서도 변혁 운동을 위한 삶을 살 수 있다"는 확신을 가지고 교직을 택한다.

그러므로 그는 '준비된 교사'라 할 만했다. 그랬기에 초임 발령을 받은 해이자 때 이른 결혼까지 하게 된 1987년부터 곧바로 운동의 '전선'으로 뛰어들 수 있게 되었을 터다. 그런데 그 결과는 해직이었다. 그는 교단에 선 지 2년 6개월 만인 1989년 여름 전교조 결성에 적극 참여했다는 죄로 학교에서 쫓겨난 것이다. 그러나 그는 타고나기를 학자풍의 투사였던 모양이다.

"교사운동에 매진하는 사람은 많아 보였습니다. 그래서 나는 내가 진정 잘할 수 있는 일은 무엇일까를 다시 한번 생각하게 되었지요."

전교조 서울지부 관악동작지회 조직부장 일을 끝으로 그는 전교조의 외곽으로 치부되어 온 교과 모임 일을 해야겠다고 결심한 후 해직 기간 내내 '체육교사모임'의 결성을 위해 전국을 뛰어다닌다. 그런 한편 국어, 역사, 영어, 한문 등 기존의 다른 교과 모임들을 연합체로 묶어 내는 데도 열과 성을 다한다. 제대로 못 마시는 술도 이때 본격적으로 배우게 되었다고 했다. 그리고 1994년 3월 그는 1,500여 해직 교사들과 함께 학교로 복귀한다.

다시 돌아온 학교에서 그는 "거의 미쳐서 돌아갔다"고 고백할 만큼 중학생 아이들과 같이 울고 웃으며 뒹군다. 학급운영이든 수업이든 "안 해 본 게 없고 또 하고 싶은 건 어쨌든 다 하고야 말았다"고 그는 말했다. 방과 후 반 아이들을 데리고 학교 밖을 빠져나가는 건 다반사였다. 평일에도 강촌까지 하이킹을 하는가 하면 어떤 밤엔 달빛 산행도 했다. 그런 교외 학급 활동을 매번 학교장의 허락을 맡는 절차를 거치면 오히려 교장을 불편케 할 뿐이어서 모든 걸 아이들과 의논하고 자신의 책임하에 결정했다. 그라 해서 왜 안전사고에 대한 걱정이 없었을까? 그러나 그는 구더기 무서워 장 못 담그는 따위의 무사안일에 빠져 있을 수는 없었다. 그에게 가장 소중한 것은 아이들의 자유로운 영혼과 육체였으므로.

"남산에서 놀다가 새벽 2시쯤에 남대문 시장으로 내려온 적이 있습니다. 새벽 시장의 그 시끌벅적 생동감 넘치는 삶의 현장을 아이들에게 보여 주고 싶었지요."

그런 코스를 기획한 것은 반에 한 아이의 부모가 거기서 장사를 하고 있었기 때문이었다고 했다. 그날은 반 아이 51명 중 49명이 자발적으로 참여했는데 그것이 아이들에게 잊지 못할 추억이 되고 학습의 장이 되었으리란 건 말해 무엇할까?

그럼 이병준의 수업은 어떨까? 애들에게 대충 공만 던져 주면 체육 수업은 다 되는 걸로 생각하는 사람들도 있지만 이병준에게 그건 어림 반 푼어치도 없는 소리다. 그에겐 '운동 창작 노트'란 게 있었다. 시도 그림

도 아닌 운동을 창작한다고? 난생처음 듣는 말이었다.

"사람들은 운동 하면 축구나 농구, 배구 이런 것부터 생각하는데 운동도 새로 만들어질 수 있습니다. 아이들에게 우리 일상생활이나 조건에 맞는 운동을 한번 만들어 보라고 하면 재미난 것이 많이 나오지요."

아이들의 '운동 창작품'은 수업 중에 운동장에서 시연된다. 그런가 하면 이병준은 기존의 경기장과는 다른 형태의 경기장을 그림으로 보여주기도 하고, 기존의 룰과는 다른 룰을 적용한 운동경기를 선보이기도 한다. 이를테면 경기장을 아홉 등분해서 각 칸에 한 명씩만 들어가되 거기서 나오지는 못하게 하고 경기를 하는 '아홉 칸 농구'나 전교조 참교육실천발표대회에서 선을 보이기도 한 필리핀 원주민들의 이색적인 군무群舞 '대나무 춤'이 그런 것들이다. 특히 '대나무 춤' 수업은 "체육 수업에 무용을 접목한 것"으로서 그에겐 "매우 특별한 경험"으로 남아 있다.

내가 보기에 '특별한' 것은 또 있다. 아이들이 매시간 돌려 가며 쓰고 교사가 답글을 쓰는 '수업 일기'가 그것이다. 그것은 "교사가 조금이라도 게으르면 흐지부지해지기 쉬운", 그러니까 적지 않은 공력이 들어가는 일이지만 이병준으로선 꼭 해야만 하는 까닭이 있다. 그것을 통해 그는 "학생들이 바라는 체육 수업이 무엇인지, 또 학생들에게 교사가 어떻게 비춰지고 있는지"를 구체적으로 알고 싶기 때문이다. '수업 일기'는 학생들과의 열린 대화이자 학생들의 교사 평가서 역할도 하는 것이다. 그런데 누구로부터건 '평가'를 받는다는 건 적잖게 불편하고 딴은 무서운 일이다. 그래서 다들 적절하게 기피한다. 그러나 이에 관한 이병준의 생각은 단호하면서도 실용적이다.

"교사 상호 간의 평가도 그것이 아무리 어렵더라도 꼭 필요합니다. 그게 힘들다면 자신의 수업을 녹음하거나 비디오로 촬영해 직접 듣고 관찰하는 방식으로 자기 평가 기회를 갖는 것도 매우 의미 있는 일이겠지요."

수업 평가야말로 "수업을 바꾸는 힘"이기 때문이다.

한편, 그는 과학 교과와의 '통합 수업'을 직접 시도하는가 하면 "미술 시간에 연을 만들고 체육 시간에 날리는" 미술과 체육의 통합 수업이나, 음악과 무용의 통합 수업 등도 동료 교사들에게 제안한다. 통합 수업에는 필연적으로 교사들 사이의 수업 평가가 따라온다. 그리고 그것은 수업을 바꾸는 동력이 된다.

4

2003년 1월 서울대에서 2박 3일간 열린 전국체육교사모임 주최의 '체육 교사 연수'를 이병준은 잊지 못한다. 그는 진작부터 남북 교육과정을 비교 연구하는 모임에서 체육 부문을 맡아 활동해 왔고 그 인연으로 체육 교사 출신의 한 탈북 청년을 알게 되었는데 바로 그가 체육 교사 연수에 강사로 초청되어 왔던 것이다. 그날 이병준은 탈북자 축구팀과의 친선 축구 경기 후에 벌어진 뒤풀이에서 탈북 체육 교사가 털어놓은 어떤 이야기에 충격을 받는다.

"북의 학교엔 축구, 농구, 배구공 등 최소한의 운동 용품조차 절대적으로 부족해서 체육 교사들은 아이들이 공을 훔쳐 가는 일 때문에 골머리를 앓고 있다는 것이었습니다."

처음 듣는 말이었고 놀라운 일이었다. 그는 연수 끝머리에 망설임 없이 '북한 어린이에게 체육 용품 보내기 운동'을 제안한다.

"당장의 사업으로는 채택되지 못했습니다. 하지만 그건 다른 누구도 아닌 체육 교사의 몫이었습니다. 그런 게 바로 통일을 준비하는 중요한 일 중의 하나가 될 거구요."

왜 아닐까? 그의 필생의 포부는 "체육 부문에서 통일을 위한 작업에 진력하는 것"이다. 그러기에 그의 '작업'은 실제 교실 수업에서부터 통일과 관련한 학문적 활동과 남북 체육 교사의 직접 교류 준비 등 전방위적으로 전개된다. 그런 일을 하면 "밥을 안 먹어도 배부를 만큼 행복"하다고 그는 말했다. 특히 통일 지향적 내용이 전무하다시피 한 체육 교과서를 대체한 그의 수업 지도안은 감동적이기까지 하다. 예컨대 '남북 민속놀이'의 비교 이해를 주제로 한 90분짜리 수업은 줄다리기, 씨름, 제기차기를 아이들이 운동장에서 직접 해 보는 것으로 끝이 난다. 남북 체육 교류의 현실과 필요성을 강조하는 수업에선 '단일팀'을 위한 응원가를 만들어 부르기가 과제로 주어진다. 그중에는 유행하는 대중가요 〈쿵따리 샤바라〉나 고전적 가곡 〈희망의 나라로〉에 노래 가사만 바꾼 것도 있다. 누군가 내게 체육 교사 이병준의 집요하다고 할 '통일 수업' 철학을 한마디로 표현하라면 나는 다음과 같은 그의 말을 그대로 들려줄 수밖에 없다.

"몸과 마음이 하나이듯 남과 북도 하나여야 합니다."

5

이병준은 올해 외동아들 민기를 경기도의 대안 학교 이우고등학교에 보냈다. 아이가 원했기 때문이었단다. 그러나 그게 합당한 결정이었는지는 아직 잘 모르겠다고 그는 말했다. 공교육을 책임져야 할 현직 교사가 자기 자식은 대안 학교에 보내는 건 현상적으로는 모순이라 할 수 있는 까닭에서다. 그렇다면 그가 '교육과정' 문제에 대해 그토록 천착해 온 것은 일찍부터 그런 딜레마에 대한 해답을 찾기 위해서였던 건 아닐까? 아니면 그 역시 '살려 내야 할 공교육'의 답답한 현실에 절망에 절망을 거듭했기 때문인가? 실제로 고향과도 같은 전교조의 주요 정책에 대해서도, 비록 자기 반성적일지언정, 매운 고언을 아끼지 않는 그인지라 그런 고민의 흔적은 그대로 비쳐 난다.

"현행 고교 평준화 정책의 고수가 곧 교육 공공성의 상징일까요? 인문/실업이라는 양분된 교육과정과 지금과 같은 인문계 고등학교 구조를 그대로 두고서 공공성을 말하기는 힘들 것 같습니다."

그가 보기에 공공성의 핵심은 오히려 "다양성"이다. 그야 우리나라의 학교가 다양성과는 거리가 멀다는 건 삼척동자도 아는 사실이다. 그래서 그는 반문한다.

"학교 붕괴도 결국 기존의 학교 제도 자체가 위기에 봉착했다는 걸 극적으로 보여 준 사건 아닌가요?"

그가 전교조의 '공교육 살리기 운동'이나 '참교육 운동'이 최근에 와서 한계를 드러내고 있다고 보는 것은 이런 맥락에서다.

"학생들이 가고 싶고 또 도움이 되는 특성화 고등학교를 다양하게 만들어 가는 데 힘을 모아야 합니다."

요컨대 '대안적 학교'든 '대안 학교'든 다양한 형태의, 다양한 내용의 작은 학교가 시급히 필요하단 얘기다. 옳은 말씀이지만 그건 백년하청 희망 사항일 뿐이지 않겠느냐는 내 속마음의 반신반의를 읽었는지 그는 이렇게 말했다.

"예를 들어 점점 사라져 가는 농촌 지역의 작은 학교를 공교육 내의 대안 학교로 만들어 나갈 수 있습니다. 이건 가능한 일이고 마땅히 해야 할 일 아닐까요?"

6

체육 교사 이병준에게 "체육은 몸으로만 하는 게 아니다." 그런데 이걸 모르는 사람이 있을까? 오히려 몸 없이는 아무것도 할 수 없다고 말해도 좋지 않은가. 하지만 그가 말하려는 뜻은 딴 데 있다. 그는 "몸과 마음이 하나가 되는 체육", "자신을 돌아보는 체육"을 생각한다고 말했다. 서양의 이원론적 사고가 체육을 하나의 "훈련"으로 규정했다면 동양의 일원론적 사유는 그것을 "수련 혹은 수양"으로 이해해 왔다는 것이다.

마지막으로 그에게 엉뚱한 질문을 하나 던져 봤다.

'혁명과 해탈에 대한 생각은?'
본질적으로 무례한 이 같은 내 물음에 그는 예를 차려서 대답했다.

"제게도 정치 혁명의 꿈이 전부인 시절이 있었습니다. 그러나 이젠 자기로부터의 혁명도 생각합니다. 그럼에도, 해탈을 꿈꾸기엔 아직 이 세상에서 해야 할 일, 하고 싶은 일이 너무 많군요."

그와 헤어져 돌아오는 경부선 기찻길에서 나는 뒤따라오는 그의 목소리를 들었다.
'체육 교사로서 체육이란 창을 통해 정직한 삶, 교육의 인간화, 통일 세상이란 하늘을 꿈꾸는 일들 말이지요.'

2005년 4월

이병준의 그 후 이야기

벌써 6년이라는 시간이 흘렀습니다. 시간이라고 하기엔 너무 먼, 세월이라고 하기에는 너무 가까운……. 어쨌든 그간 저는 많은 변화를 겪었습니다. 늦게 시작한 학위 과정을 마치고 박사 학위를 취득했고, 다른 중학교로 옮겨 근무하다 이제는 경상대 체육교육과에 정착했고, 고등학생이던 아들은 대학을 휴학하고 군 복무를 하고 있으니 말입니다.

'그날 이후' 제게 가장 기억에 남는 사건은 박사 학위를 받은 일입니다. '게임 수업을 어떻게 하면 잘할 수 있을까?'라는 질문으로 시작한 논문을 완성하고 무사히 졸업(2007년 2월)할 수 있었습니다. 체육 교사로서 경험한 수업 이야기를 정리해 보고 그 전문성을 탐구하고자 소박하게 출발한 일이 결실을 보게 된 것입니다. 늦은 나이에 공부의 재미에 흠뻑 빠져서 보낸 시간이었고 체육 교사로서의 삶을 돌아보고, 체육교육의 미래를 새롭게 고민하는 의미 있는 시간이기도 했습니다. 졸업식 때는 전국체육교사모임 후배들이 찾아와 주어서 더욱 기뻤습니다. 그들이 선사한 학위패 내용의 일부는 이랬습니다.

체육 교사로서 지성의 고민을 내어놓고, 동료 교사로서 응원의 함성을 부르짖고, 좋은 교사로서 공부의 노력을 이어 가며, 좋은 선배로서 실천의 미덕을 보여 주는 당신! (……)

후배들은 저에게 저간의 공부를 바탕으로 체육교육의 문제를 연구하고 함께 실천하자고 제안하는 듯했지요. '함께 가자 우리 이 길을……' 하는 노래처럼 말입니다.

교육이란 무엇일까요? 교사라면 누구나 교육의 본질에 대해서 질문하는 삶을 살아야 한다고 생각합니다. 교육에 대한 저의 생각은 변화를 거듭해 왔습니다. 2010년 3월, 저는 목동의 중학교를 떠나 북한산 자락 수유동의 중학교로 발령을 받았습니다. 전에 근무하던 학교에 비해 가정 형편이 어려운 아이들이 많고 흡연과 같은 문제 행동이 빈번히 발생하는 학교였습니다. 그 아이들의 이야기를 듣다 보면 한결같은 결론에 이르게 되더군요. '문제아는 없다. 다만 문제아의 부모가 있을 뿐'이라는……. 학생들의 문제 행동 이면에는 가정적인 문제들이 있고 그 이면에는 사회의 모순이 자리하고 있었습니다. 경제적인 문제가 교육의 질과 교육 기회에 영향을 미친다는 사실을 새삼 확인하고 경험할 수 있었지요. 흡연, 금품 갈취 등 학생들의 문제 행동이 끊이지 않는 상태에서 교사들이 할 수 있는 일은 많지 않았습니다. 오히려 무기력한 저의 모습을 보면서 '교육이란 무엇인가'를 다시 생각해 보는 시간이 많아졌지요. 2학기 들어서는 흡연 학생을 대상으로 '등산 프로그램'을 시작하면서 학생들이 안고 있는 문제에 정면으로 도전해 보았습니다. 다람쥐처럼 자유롭게 산을 오르는 아이들을 쫓고, 힘들어하는 아이들을 밀면서 산을 오르다 보면 어느새 정상입니다. 어떻게 올랐든 정상에 도착하면

비 오듯 땀이 흐르고 모두가 행복한 표정입니다. 아이들이 이러한 경험을 통해 '노력의 소중함', '목표를 이루었을 때의 성취감'이 얼마나 소중한 것인지를 느꼈기를……! 저의 바람이 아이들에게 얼마나 전해졌을지는 모릅니다. 다만, 등산 프로그램을 함께했던 아이들을 생각하면 어른들로부터 상처받고 괴로워하던 마음과 빵 조각 하나에도 기뻐하던 행복한 표정이 교차합니다. 이런 점에서 교육은 '같이 시간을 보내면서 관계를 맺는 것'이 아닐까 생각합니다.

올해 저는 경상대 체육교육과 교수진에 합류했습니다. 20여 년 가까이 중등학교 아이들과 만났던 생활과 이별이라고 생각하니 진한 아쉬움도 있었지만, 좋은 체육 교사를 양성하는 중요한 일을 해 보고 싶다는 생각에 낯설기만 한 타향 경남 진주로 생활 근거지를 옮겼습니다. 올 한 해는 교사의 꿈을 가진 예비 교사들과 '체육 교사가 된다는 것', '체육 교사가 갖추어야 할 전문성' 등에 대해서 강의하고 토론하면서 보냈습니다. 저에게는 즐겁고 새로운 경험이었지만, 임용 시험을 준비하기 위해 고군분투하는 예비 교사들의 생활은 여유가 너무 없어 매우 안타까웠습니다. 암기 위주로 공부하는 예비 교사들의 시험 준비 과정을 보면서는 임용 시험이 좋은 교사를 선발하는 최선의 방법인가? 회의도 많이 들었지요.

지금도 여전히 '교수님'보다는 '선생님'이라는 호칭이 더 익숙하고 편안하게 느껴집니다. 저는 교수가 된다는 것은 연구자가 된다는 것을 의미하고 연구자가 하는 일은 질문에 답하는 일이라고 생각합니다. 6년 전 만남에서 "남과 북이 함께할 수 있는 체육 활동은 없을까? 통일된 후에 체육 수업은 어떻게 진행되어야 할까?"와 같은 문제에 대해 연구해 보고 싶다고 말씀드렸지요? 최근에는 신경 과학과 뇌 과학 분야의 책을 읽으면서 '신체 활동의 가치와 의미'에 대한 고민을 풀어 보고자 노력하고 있습니다. 그 결과, 저는 현대사회의 가장 큰 특징이 '좌식 생활'이라는 결론에 이르렀습니다. 우리나라의 학생들은 학교와 학원을 오가며 신체 활동이 거의 없는 '결핍된 환경'에서 생활하고 있지요. 이러한 상황에서 우리나라 청소년들의 삶은 위기의 징후를 보이고 있습니다. OECD국가 중 청소년 자살과 자살 증가율 1위, 중·고등학생의 71.9퍼센트가 학교생활에서 스트레스 경험, 60퍼센트의 학생이 우울증을 경험하고 있으며, 음주, 흡연, 비행 및 폭력의 문제, 인터넷 중독, ADHD와 같은 사회·정신적 병리 현상이 증가하고 있다고 합니다. 그래서 저는 청소년들이 사회·정신적 병리 현상을 극복하고 올바로 성장하기 위해서는 신체 활동량을 늘리도록 교육제도를 바꾸는 것이 가장 시급하고 중요하다고 생각합니다. 인간의 몸이 건강해야 뇌가 올바로 성장하고 발달할 수 있다고 믿기 때문입니다. 기회가 된다면 선생님의 생각을 듣고 토론하는 시간을 가졌으면 합니다.

지난번 인터뷰 말미에 선생님은 '혁명과 해탈'에 대해 질문하셨고 저는 내면적인 변화도 중요하다고 답했던 기억이 납니다. 오늘 문득 그 생각이 나는 이유는 아무래도 저의 삶에서 가장 근본적인 변화는 내면의 변화가 아닐까 해서입니다. 저는 요즘 사소하고 일상적인 일에 감사하는 마음을 갖게 되었습니다. 내가 이 시간 글을 쓰고 호흡할 수 있음에,

내가 아이들을 가르치고 있음에, 내가 연구하고 실천할 수 있음에……!
이렇듯 저를 다시 돌아볼 수 있는 기회를 주셔서 감사합니다.

                                        2011년 12월
                                        진주에서 이병준

멈추지 않는 '사랑의 오프사이드'

안준철
전남 순천 효산고

1

울어야 할 새가 울지 않으면 어떻게 할 것인가?

일본 전국시대를 주름잡은 세 인물 중 하나인 오다 노부나가織田信長는 '죽이겠다' 했고 도요토미 히데요시豊臣秀吉는 '울도록 만들겠다'고 했으며 도쿠가와 이에야스德川家康는 '울 때까지 기다리겠다'고 말했다는 유명한 고사가 있다. 그렇다면 우리 시대의 교사 안준철은? 그는 아무래도 이렇게 답할 것 같다.

'오직 사랑하겠다.'

왜냐면 그는 내게, 나이가 쉰둘이나 되면서도 '사랑'이란 말을 빼곤 단 세 마디를 그냥 못 넘어가는, 청청青青하면서도 홍홍紅紅한 그런 선생님으로 다가왔기 때문이다. 그건 인터넷신문 오마이뉴스에 연재되고 있는 〈안준철의 '시와 아이들'〉 몇 회분만 읽어 보면 누구나 금방 알 수 있다.

'사랑하기에 너무 버거웠던 아이들', '선생님, 제발 우리를 사랑하지 말아 주세요', '사랑은 어떻게 단련되는가', '사랑은 아직 끝나지 않았다'……. 이런 제목부터가 그렇지만 내용 속으로 들어가면 그야말로, 어느 유행가 가사처럼, '발길에 부딪히는' 게 바로 '사랑'이다. 이를테면 이렇다.

'제가 아이들에게 해 줄 수 있는 것은 뜨겁게(?) 사랑을 표현하는 그것뿐이었으니…….' '내 사랑 안에 너를 가두는 것이 아니라 사랑으로 너를 주인 되게 하는 것이라고 너는 말해 주었지.' '한 가지만 얘기하마. 널 아끼고 사랑하는데 (……) 그런 너에게 인사는커녕 짜증 섞인 표정이나 대답을 들어야 하는 것이 나를 한없이 슬프게 한다.' '저는 사랑의 힘을 믿고 싶습니다.' '어제는 너무도 슬프고 비참한 날이었다. 교사가 되어 처음으로 사랑하는 제자를 마음에서 지우려 했었다. 결코 그들을 덜 사랑해서가 아니라, 내 사랑이 그들에게 아무런 도움을 주지 못한다는 절망감 때문이었다.'

이런 대목은 또 어떤가?

나는 답답하기도 하고 안타깝기도 해서 나도 모르게 이런 말을 하고 말았다.
"내가 널 사랑하잖아. 사랑하는 사람의 말은 들어야지!"
정말 뜻밖이었다. 선미가 터벅터벅 학교로 돌아온 것이다. 그 말의 효과가 그렇게 클 줄은 정말 몰랐다. 선미는 그런 아이였다. 사랑에 약하고 사랑에 반응할 줄 아는. 선미는 사랑의 향내가 나는 쪽으로, 학교로, 지금 돌아오고 있는 중이다.

순천 선암사에서 그를 만났을 때도 마찬가지였다.

"올해 맡은 2학년 우리 반 아이들에게 말했지요. '1학기엔 내가 먼저 너희를 사랑할 테니까 2학기엔 너희가 날 사랑해 줘'라고요."

도대체, 정말이지 이래도 되는 걸까? 아니 사랑이란 무릇 상호 소통을 전제하고 있는 것일진데, 그의 사랑 공세는 일방통행의 냄새가 너무 나지 않는가? 그는 순진한 몽상가이거나 진부한 사랑의 교설자처럼 내밀한 권력 의지의 소유자는 혹 아닌지……?

2

아니다.
그의 '사랑'은 몽상도 권력도 아니었던 거다. "어이없게도" 아이들과 소통 불능의 상태에 직면하면 격심한 "슬픔"을 느낀다고 그는 말했다. 슬픔은 자기 응시를 동반한다. 그러기에 그에겐 "활활 타오르던 분노가 슬픔으로 변하고 슬픔이 다시 그리움으로 바뀌어 가는 시간은 불과 하룻밤, 길어야 이틀 남짓"인 것이다. 분노-슬픔-그리움의 사이클은 교사 안준철의 일상이며 간절한 기도와 섬세한 기획이 낳은 무엇이다.

보라. 그는 담임으로 배정되는 순간부터 반 아이들과의 구체적인 만남을 속속 진행해 나간다. 우선, 새로 맡게 될 반 아이들 명단을 확보해선 봄방학을 이용해 전화 인사부터 한다. 그리하면 3월에 처음 새 교실을 찾는 반 아이들은 이미 담임과는 구면이 되어 있는 것이다. 그 아이들 모두에게 하루 세 번 이상 말을 걸기로 작정하고 그걸 꼭 해내고야 마는 건 또 어떤가? 사랑의 주춧돌이라 할 이런 만남을 위해서는 교무실, 교실, 복도, 식당, 매점, 운동장, 등하굣길, 산행길 등 장소가 문제 될 까닭이 없다. 헌데 내 반 아이만 내 제자인가? 아이들과의 만남에 대한 그의 열정은 그가 영어 수업을 들어가는 모든 반에서도 식을 줄 모른다.

그는 매시간 출석을 부른다. 왜? 그야 아이 하나를 호명할 때마다 그와 2, 3초간 눈을 맞추고 뭐든 한두 마디씩은 던지기 위해서다. 처음에는 교사의 눈길이 부담스럽고 쑥스럽기만 한 아이들도 마침내는 그것을 받아들이고 눈빛 대화를 시도한다. 또한 그는 아이들에게 엄청난 분량의 편지를 보낸다. 그것은 오마이뉴스나 월간지 따위에 기고하는 형식의 공개편지일 때도 있고 내밀한 소통 수단인 전자우편일 때도 있다. 시인인 그의 전매특허라 해도 좋을, 그가 담임 맡은 아이들의 생일에 선사해 온 '생일 시'는 무려 800편이 넘는다는 사실도 빼놓을 수 없다. 일찍이 그는 그것들의 일부를 간추린 첫 시집 《너의 이름을 부르는 것만으로》를 세상에 내놓기도 했다. 그뿐인가? 월 3만 원만 내면 무한정 통화해도 좋은 전화국의 상품이 그렇게 고마울 수가 없는 그이기도 하다. 그는 집에 돌아와서도 "사랑이 더욱 필요한" 아이에게는 전화를 해야만 하는 것이다. 때론 그 부모에게 이렇게도 호소한다.

"제가 애를 사랑하기 때문에 수모를 당하는 건 참을 수 있습니다. 하지만 수모를 당한 만큼 애가 좋아졌으면 하는데 그렇지가 못한 것 같으니 저는 어쩌면 좋을까요?"

그리고 가정방문. 그는 학년 초가 되면 반드시 사랑의 발품을 판다.

"올해엔 여학생 반을 맡아 그렇진 못하지만 자취하는 남학생들과는 꼭 하룻밤을 같이 잡니다. 나랑 라면 같은 걸 끓여 먹으며 이런저런 애

기로 밤을 지새운 아이는 배신을 하는 일이 없답니다."

3

　사랑은 추상이 아니다. 가장 명백한 실재reality고 가장 빛나는 전인격적 사건이다. 그렇다면 안준철의 '사랑의 교육학'이 머금고 있는 리얼리즘의 위력은 어디서 오는 걸까? 그것은 '마음이 가난한 자는 복이 있나니'란 복음 하나를 심중에 새기고 있다는 그의 기독인다운 삶 못지않게 사회 변혁과 역사에 대한 그의 뜨거운 관심에서도 연원한다.

　전두환 철권 독재를 무너뜨린 '6월항쟁'의 해인 1987년, 늦깎이 서른네 살의 나이로 교단에 선 그가 불의한 학교 현실에 맞서 '투쟁'에 나선 것은 결코 우연으로 보이지 않는다. 교사로서 아이들과 처음 만나면 가슴 부풀도록 꾸기 마련인 교육적 단꿈에 채 젖어 보기도 전에 그는 몸을 일으켜 바람 부는 들판에 나서게 되었으니까.
　애초 산을 개간하여 농장의 주인이 되는 목가적인 꿈을 품고서 농고에 들어갔던 그는 농과대학 축산학과까지 진학하고, 졸업 후에는 제약회사 영업 사원으로도 일해 보지만 그가 가야 할 곳은 결국 교직이었다. 그 길을 제대로 예비하려 했던 것일까. 그가 첫 군대 휴가를 마치고 귀대하면서 가지고 들어간 100여 권의 책은 모두 교육학과 철학 쪽이었고 그는 제대할 때까지 몽땅 독파한다.

　"편입해 들어갔던 전주대 사대를 졸업하던 날 영어 교사 자격증을 손에 쥐고는 걷잡을 수 없이 눈물을 흘렸습니다. 그해에 바로 사립학교 순위고사에 합격하고는 마침내 꿈에 그리던 교단에 서게 되었지요."

그리하여 그다음의 이야기가, '인간의 교사 안준철은 빛나는 생명 그 자체인 아이들과 함께 꿈과 사랑이 넘치는 학교에서 잘 놀고 잘 가르치며 행복하게 잘 살게 되었더란다'가 되었다면 얼마나 좋았을까? 하지만 때는 군부독재, 그 '놋쇠 하늘' 아래 갖은 악화惡貨가 양화良貨를 구축驅逐하는 야만의 시대였다. 학교가 예외일 수 없었음은 두말이 필요치 않다. 그것은 시종일관 교육의 얼굴을 하고 있었기에 그 속내는 오히려 더 추악했다 할 것이다.

"한창 수업을 하고 있는데 느닷없이 벨이 요란히 울리는 거예요. 무슨 일인가 하고 복도 쪽을 내다봤더니 선생님들이 우르르 어디론가 몰려가는 겁니다."

사태의 본말은 금방 드러났다. 같이 달려간 곳에서 그는 보았다. 연로한 교장은 교사들과 똑같이 거의 부동자세로 서 있는데 연배가 훨씬 아래인 이사장과 서무과장이 삿대질에 호통까지 치고 있는 것을. 나중에 보니 그런 일이 한두 번이 아니었다. 그런데 더욱 놀라운 것은 그 같은 코미디 아닌 코미디에 대해 누구도 이의를 제기하지 않는다는 사실이었다. 도무지 이해할 수 없다는 그에게 선배 교사들은 '그저 입조심하라'는 충고만 속삭였을 뿐이었다고 했다. 그런 얘기까지 귀에 들어간 것일까? 바로 다음 날 그는 교장실에 불려 가 "한 말씀"을 듣게 된다. 어찌

할 것인가……? 그로부터 며칠 뒤 안준철은 학교 부근 다방으로 서무과장을 불러낸다. 여느 교사들이 그랬듯 술이나 거하게 받아 줄 줄 알고 나타난 서무과장에게 신참(!) 교사 안준철은 일갈했다 한다. '앞으로 또 수업 중에 소집 벨을 울리는 그런 몰상식한 행동을 하면 가만 있지 않겠다!' 그건 난데없는 선전포고나 다름없었다. 혈혈단신으로 적진에 뛰어들며 내지르는 사자후와 같은 것이었다고 할까? 과연 그때부터 그는 재단 측에 맞서 거의 사투를 벌인다. '너를 감옥에 보내고 말겠다'고 이사장이 말했을 때 그것은 단순한 엄포가 아니었다. 지역 유지인 그가 마음만 먹으면 그게 불가능하지도 않은 그런 시대였다. 한때 그는 죽음의 공포마저 느꼈다고 했다. 그러나 다행히도 역사는 이미 그의 편이었다. 독재 권력은 하루가 다르게 무너져 가고 있었다. 갖은 비리의 중심에 있던 이사장은 국외로 도망을 놓았고 학교에는 평교사회가 만들어졌으며 학교 밖으로는 4.19교원노조 이후 처음으로 자주적 교사 단체인 전국교사협의회에 이어 각 시·도 교협이 속속 결성되고 있었던 것이다.

"정말 멋도 모르고 덤벼든 싸움이었지요. 아니 그렇게 순진무구하게 겁 없이 싸웠기에 이길 수가 있었을 겁니다. 내게는 싸움닭의 기질이 좀 있어요. 그 후 교사 운동에 직간접으로 참여하는 동안 사람이란 현실에 안주하는 순간부터 쇠락의 길을 걷게 된다는 진실을 재삼 확인했지요."

4

안준철은 오마이뉴스의 상당히 인기 있는 시민 기자다. 그가 일주일에 한두 편씩 정력적으로 송고하는 기사들은 번번이 톱에 오르고 그 조회 수도 수천에서 수만까지 이른다. 그가 기자로 입문하면서 쓴 일련의 기사들은 인문계 고교의 강제 보충수업과 야간 자습에 관한 것이었다. 제1탄은 교육부 장관에게, 2탄은 순천 시내 교장단 회장 앞으로, 3탄은 새로 선출된 노무현 대통령에게 보내는 공개편지 형식의 기사가 그것이다. 이른바 '특적'(특기 적성-강제 보충수업)과 '야자'(강제 야간 자율 학습) 문제에 대한 비판과 대책 촉구가 주된 내용.

"비인간적이고 반교육적인 입시 경쟁 교육만 강화시킬 뿐인 '특적'과 '야자' 즉각 중단되어야 한다!"

그의 진단과 주장은 별 새로울 것이 없는, 계란으로 바위 치기에 불과한 무망한 외침? 그래서 사람들은 그를 '대안 없는 몽상가'로 치부하기도 한다지만 그럼에도 안준철은 힘주어 말했다.

"다른 건 다 변해 가는데도 그것만은 그대로이지 않은가요? 자율 학습을 제 의사대로 안 하겠다는 한 여고생은 그를 비정상적이라고 낙인찍는 학교 때문에 정신병원으로 가야 했다지 않습니까. 입시 경쟁 체제가 피치 못할 현실이 되긴 했지만 이상을 포기한 교육은 이미 교육이 아닙니다. 교육 황폐화의 주범은 '교육적 이상의 포기' 아닐까요."

그가 내건 학급운영의 세 가지 철학은 "자유, 행복, 자기 가꾸기"다. 이런 가치와 지향은 그만의 것은 아니다. 그는 단지 견결한 이상주의자

답게 초임에서 지금까지 그 이상을 섣불리 포기하지 않았을 뿐이다.

다시 한번 물어본다. 그의 이상, 삶의 궁극 목적은 무엇일까? 그의 답은 사랑이고 자유다. 그러기에 그는 믿는다. 때론 삶의 짐이 너무 무거워 힘겨워하고 방황하는 아이들에게 정말 필요한 것은 "도무지 상상력이 없는 학생생활규정"이 아니라 "사랑의 충격", "자유의 충격"이며 "아이들을 변화시킬 수 있는 유일한 길은 진실의 소통이고 생명의 가치에 대한 공감과 이해"라는 사실을. 그가 거의 날마다 집에서 이른 아침 '오늘도 아이들을 사랑하게 하소서'를 뇌면서 기도하는 것도 그 포기할 수 없는 이상 때문이 아니던가?

5

축구 경기에서 오프사이드off side란 규칙이 왜 만들어졌는지는 모르지만 내가 보기에 공격수가 아차 하는 순간 범하는 오프사이드는 한마디로 무죄고 미워할 수 없는 반칙이다. 그것은 공격수가 경기에 혼신의 힘을 다하는 과정에서 발생하는 뜨거운 열정의 산물로 여겨지는 것이다. 그것을 단지 분별력 부족이나 자기도취의 결과로 몰아가 버린다면 오프사이드의 순정성은 결정적으로 훼손되고 마는 게 아닐까? 그런데 안준철은 자신의 교육 에세이집 《그 후 아이들은 어떻게 되었을까》에서 수비수인 교사가 연출하는 함정으로써 오프사이드를 '사랑의 오프사이드'라 이름 지은 바 있다. 그 전술의 원칙은 이렇다. '반항기 있고 공격적인 아이들'과는 '바로 맞붙어 공방전'을 벌이지 말 것. '한 걸음 물러

서서 그들의 말을 경청하는 여유를 가짐으로써 그들로 하여금 공격 목표에 도달하지 못하게 만들어' 버릴 것. 요컨대 안준철에게 교사는 공격수와 수비수를 넘나드는 오프사이드의 명수일 필요가 있다는 것이다. 그래서 아이들은 안준철이라는 희대의 오프사이드 명수에게 박수만 보낸다? 천만의 말씀이다. 오히려 냉소와 수모와 배반을 안겨 주기 일쑤다. 어떻게? 이를테면 '베이스 기타를 치는 아이'는 어느 날 그에게 툭 내뱉는다. "저희 때문에 행복하다는 말은 좀 가식 같아요." 알뜰살뜰 보살펴 왔다고 믿어 온 한 아이는 어느 날 제멋대로 학교엘 나오지 않는다. 그런데 그 이유란 것이 고작 자리 배정에 대한 불만이다. 그는 때론 "햇살 같은 너를 만나고 싶다"며 아주 세레나데를 부르지만 아이들은 마냥 철없이 떠들어 댈 뿐이고, '이리로 좀 와라' 하고 부르는데도 '선생님이 오세요'라며 무례하게 맞받는가 하면, 조퇴 이유를 물으면 '그냥 학교가 싫어요'라며 퉁명스레 쏘기도 하는 것이다. 이럴 때면 그인들 "기가 막히고" 때론 "미칠 것 같은" 기분이 되지 않고 배길까? 어쩌면 그래서인지도 모른다. 팝송 수업을 즐겨하는 그가 아이들에게 가르쳐 주는 노래 중 하나가 리처드 막스의 〈Now and forever〉인 것은.

우리의 사랑은 썰물이 되어 날마다 멀어져 가고
나는 조금씩 미쳐 갑니다
(……)
우리 사랑을 어떻게 지켜 나가야 할지 잘 모르지만 어떻게든 난 당신과 함께할 겁니다
꼭 그렇게 하고 말 겁니다

"분노보단 슬픔을 택하겠다. 왜냐하면 슬픔은 아이들을 해치지 않으니까"라고 말하는 그, 빈센트 반 고흐의 생애를 이야기해 주며 "사랑하지 않는다면 내가 이처럼 미칠 것 같은 이유가 어디 있겠니?"라고 반문하는 그에게 반 아이들은 "이젠 카리스마를 보여 주세요!"라고 충고했다 한다. 오죽했으면 동료 교사들까지 그가 아이들과 "마냥 놀고 있는" 모습을 보다 못해 '애나 선생이나 꼭 같다'며 핀잔성 놀림을 주곤 할까. 그러나 생각건대 안준철, 그보다 더 강력하고도 멋진 카리스마를 가진 교사가 달리 있을까? 누구도 함부로 흉내 내기 힘든 '사랑의 카리스마'를 아낌없이 오프사이드 하는 그가 아닌가?

6

안준철의 일상은 범박하다. 버스로 두 정류장 거리인 집과 학교 사이를 걸어서 오가며 그는 교원대로 음악 공부를 하러 떠난 외동아들과 "세상에서 제일 사랑하는" 착한 아내, 그리고 그의 존재 이유이기도 한 아이들을 사색한다. 산도 심심찮게 오르고 시인으로서 문학 단체 활동도 하지만 그의 가장 큰 관심은 아무래도 아내, 아들, 아이들에게 집중되어 있다.

"행복할 때요? 오랜 기다림 끝에 아이들이 변할 때, 아내와 거리를 산책할 때, 아침 기도 시간에 나를 만날 때, 아이들이 오직 생명 그 자체로 다가올 때, 뭐 그렇지요."

그렇다. 그는 생명에 대해 말했다. 생명에 대한 경외심의 회복이야말로 갈수록 심화되는 물질 만능주의, 무한 경쟁 구조에 파열을 내는 유일한 길이라고. 그러기에 그는 아이들에게 쉼 없이 "생명 값"의 지고함과 그 평등성을 역설한다. 틈만 나면 자연의 숨결을 직접 느끼게 하는 '계절 수업'을 기획한다.

"최근 나무를 바라보면서 이런 생각을 했습니다. 나만 나무를 보고 있는 게 아니라 나무도 나를 보고 있다는 생각 말입니다. 아이들과 나의 관계도 마찬가지겠지요. 서로를 완전한 주체로 인정하는 것이 바로 사랑 아닐까요? 자유 없는 사랑은 거짓이고 모순입니다."

비밀(!)이지만 나는 그와 '애인' 관계다. '사랑'하는 관계! 작년 초 순천의 그는 부산의 내게 느닷없이 전자우편을 보내 '사귀고 싶다'고 했다. 그도 나도 경향신문 〈교단일기〉 꼭지의 필자 중 하나였는데 거기서 그는 나를 종종 엿본 모양이었다. 나중에 그는 내게 말했다.

"저는 《우리교육》이나 《처음처럼》, 《민들레》 같은 잡지, 또 〈교육희망〉에 나오는 훌륭한 선생님을 발견하면 반드시 기회를 만들어 사귀고 맙니다."

나는 그의 '선생님 애인 구하기' 레이더망에 걸린 셈인데 어쨌거나 내가 그에게 간택당한 것은 행운! 그날 이후 부산과 순천을 오가며 나눈 만남과 서신, 그 '연애' 자체도 행운이었고 그의 '사랑과 자유의 교육학'

을 가까이서 확인하고 느낄 수 있게 된 것도 행운이었으니까. 아니 오늘도 막무가내(!) '사랑의 오프사이드'를 감행하는 그를 나는 사랑하지 아니할 수 없게 되었으니까.

2005년 10월

안준철의 그 후 이야기

선생님이 저에 대해 쓰신 글을 다시 읽어 보다가 한순간 얼굴이 빨개졌답니다. 바로 '사랑'이라는 말 때문이었지요. 사랑 빼면 시체라는 말이 떠오를 만큼 사랑을 남발한 것이 조금은 부끄러웠나 봅니다. 올해 저는 사랑이라는 말을 아주 많이 남발하지는 않았답니다. 오히려 한 아이에게 이런 불경스런 말을 하기도 했지요.

"사랑은 징그러운 거야. 우리 사랑은 하지 말고 바람이나 피우자."

복도에서 저를 보기만 하면 쪼르르 달려와 내년에는 꼭 자기 담임이 되어 달라고 졸라 대는 아이에게 해 준 말이랍니다. 제가 담임을 맡으면 학교생활이 편해질 것 같아서 그랬을 테지만, 그런 속내를 감추고 순수한 사랑을 고백하듯 눈을 반짝이며 엄지와 검지를 지그시 눌러 사랑의 하트 모양을 만들어 보여 주었지요.
다행히도 그 아이는 제 말의 진의를 알아차린 듯했습니다. 막상 담임을 맡고 보면 사이가 좋아지기는커녕 오히려 원수지간이 되기 십상이니 괜한 욕심 부리지 말고 지금처럼 가끔 눈이나 마주치며 좋은 관계를 유지하자는 뜻이라는 것을. 하지만 아이의 눈빛이 심상치가 않았습니다.

불량 교사의 엉큼한 수작에 비하면 아이의 입에서 나온 말은 가히 모범적이었지요.

"바람은 무슨 바람, 아무리 징그러워도 진짜 사랑을 해야죠."

아쉽게도, 내년에 저는 그런 진한 말을 할 줄 아는 사랑스러운 제자 아이와 진짜 사랑을 나눌 수 없게 되었습니다. 이것은 운명이라면 운명이겠지요. 제가 내년 한 해 동안 징그럽게 사랑할 아이들은 따로 정해져 있으니까요. 참, 지난 금요일 업무분장 발표를 했는데 전 1학년 담임을 맡게 되었답니다.

선생님이 쓰신 글을 다시 읽다가 몇 차례 코끝이 시큰했답니다. 밀려오는 감동에 눈물을 찔끔거리기도 했지요. 마치 그 아름다운 순애보의 주인공이 제가 아닌 다른 사람인 것처럼 말이지요. 전 본래 겸손과는 거리가 먼 사람이지만, 그렇다고 막무가내로 저 자신을 추켜세울 만한 위인도 못 된답니다. 그렇게 해 보았자 저 자신에게 이롭지 않다는 것을 이성적으로 잘 알고 있기 때문이지요. 하나의 처세술로 겸손함을 선택할 수도 있다는 말이지요. 하지만 겸손함을 보이기 위해서 아이들을 사랑하지 않는다고 말할 수는 없는 노릇입니다. 전 아이들을 사랑하고, 그 사랑의 순수성을 한 번도 의심해 본 적이 없으니까요. 그러니 지금도 누군가 저를 저주하고 싶다면 이렇게 주문을 외우면 됩니다.

"내년엔 부디 사랑 없는 교사가 되어라!"

이쯤 되면 자화자찬도 급이 다르다고 할 수 있겠는데요. 그렇다고 예전처럼 막무가내로 아이들을 사랑하진 못할 것 같습니다. 나이 때문일까요? 내년 아이들과 나누는 사랑은 너무 징그럽지 않았으면 좋겠습니다. 그리고 '사랑의 교사'라는 거창한 호칭보다는 실질적으로 아이들을 도와주는 교사가 되고 싶습니다.

요즘 저는 '사랑'이란 말보다는 '전문성'이라는 단어를 자주 쏜답니다. 예컨대, 아이를 미워하지 않는 것은 하나의 기술일 수 있다고 생각하는 것이지요. 여기서 기술이란 곧 전문성을 의미합니다. 정신과 의사가 정신질환 환자에게 화를 내지 않는 것은 사랑이 많아서가 아니라 전문가이기 때문이지요. 그런 점에서 보자면, 어떤 경우에도 아이를 미워하지 않고 그 아이에게 도움이 되는 말을 해 주는 것은 대단한 일이 아닐 수도 있습니다. 교사가 교육 전문가로서 소양을 갖추고 있다면 말이지요. 내년에는 그런 사랑을 하고 싶습니다.

이번 기회에 아예 아이들에게 사랑의 주체를 넘겨주면 어떨까요? 그들이 주인이 되어 선생인 저를 더 많이 사랑하도록 말입니다. 물론 사랑의 아픔도 감내하면서. 사실, 그것이 제가 꿈꾸는 이른바 '참교육'이기도 하지요. 자기밖에 모르는 이기적인 아이들이 누군가를 사랑할 줄 아는 사람이 된다는 것. 그에 앞서 자신의 생명과 삶을 귀히 여기고 가꿀 줄 아는 아름다운 한 인간으로 성장한다는 것.

만약 그것을 '사랑의 자치'라고 명명할 수 있다면, 그리고 만약 그 분야를 점검하는 세계 기구 같은 것이 있다면 아마도 우리나라는 세계 최하위 수준을 면치 못하겠지요. 물론 그 책임은 교사인 제게도 있겠고요. 슬픈 것은 오랜 세월 그 책임을 방기해 온 저의 직무유기에 대해서 아무도 탓하거나 충고해 준 사람이 없었다는 사실입니다. 학생들의 내적인 성장은 우리 교육의 자장으로부터 까마득히 멀리 떨어져 있었던 탓이 아닐까요?

저는 내년에 새롭게 만날 아이들 앞에서 '사랑의 자치'를 선포할까 합니다. 아마도 그런 말을 처음 듣는 아이들은 그게 도대체 뭐냐고 제게 물을지도 모르겠습니다. 그중 유독 말을 잘 안 듣게 생긴 한 녀석에게 다가가 이렇게 말해 주고 싶습니다.

"네 인생 네가 알아서 하라는 말이야. 네가 네 인생의 주인이니까."

이런 생각을 하다가도 한편으로는 덜컥 겁이 나기도 합니다. 그러다가 아이들이 똥인지 된장인지 구별 못 하고 고삐 풀린 망아지처럼 학급을 난장판으로 만들어 놓으면 어떡하나? 하고 말입니다. 이렇게 갈팡질팡하며 저는 오늘도 길을 찾아가고 있답니다.

2011년 12월
순천에서 안준철

2부

교사로
산다는 것

길은 '감동'과 '행복'으로 통한다 | 여태전

'모던 차일드'의 초상 | 박원식

나는 '수학'한다, 고로 존재한다 | 김흥규

한 전문계고 교사의 사는 법 | 임동헌

길은 '감동'과 '행복'으로 통한다

여태전
경남 진주 삼현여고 (현 남해 상주중)

1

"어둠을 탓하기보다 촛불 하나 먼저 켤 줄 알아야 한다."

여태전, 그는 이렇게 말했다. 그를 만나러 가기 며칠 전 전자우편 속에서였다. 그 말은 저 1960~1970년대 대학의 지하 서클이나 야학 공동체, 혹은 도시산업선교회 같은 단체 사람들이 부르던, 슬프게 빛나는 노랫말의 한 구절처럼 들렸다. 아아 그렇지. 어둠 속에 빛이 비치니 어둠이 빛을 이기지 못하더라! 나는 불현듯 잊었던 옛사랑의 추억과 마주한 사람처럼 상념에 빠져들었다. '금관의 예수', 전태일, 불꽃 같은 삶, 순결한 영혼, 혁명의 여명, 그리고 숨죽여 돌려 가며 읽던 복사본 시편들. 또 있었다. 1980년대 중반 내가 아직 신출내기 교사였던 시절, 보충수업은 정규 수업의 일부가 되고 학교에 따라서 밤 12시까지 강제 야간 자습이 계속되는 동안 아이들은, 특히 오월이면, 하루가 멀다 하고 자살이라는 막다른 골목으로 치달았다. 그랬기에 인간화 교육 운동에 앞장선 교사들은 노래로 숨 가쁘게 절규했다. '죽어 간 아이들이 횃불로 살아온다.'

그리고 2002년의 오늘, 사회 민주화 분위기와 전교조 운동의 활력으로 한동안 주춤했던 '비교육적이고 살인적인' 보충·야자는 '교육과 생존의 필수 요건'으로 화려하게(!) 부활했다. 예전엔 '그래도 이건 아닌데' 하는 일말의 고민과 자책 같은 게 있었다. 하지만 이젠 다르다. 학교, 학부모 양쪽이 다 데면데면해졌다고 할까? 학교교육의 '정상화'를 언급하는 사람이 오히려 외계인이 되고 마는 형편이다. 우리는 이미 전 지구적

자본의 지배와 그 논리를 일상의 공기처럼 받아들이게 되었다.

이처럼 세상이 하 수상해진 탓이리라. 적지 않은 교사들은 심리 상담이다, 불교 공부다, 영성 체험이다, '나를 찾아 떠나는 여행'에 공을 들이기도 한다. 좋은 일이다. 마음공부, 필요하다. 그러나 나는 자문해 보곤 한다. '수도자' 교사는 도처에 많은데 어찌하여 학교는 늘 이 모양인가? 마음공부하는 일과 학교교육의 구조적 질곡을 광정匡正하려는 원願을 세우는 일은 서로 배타되어 마땅한 건가? 수십 년간 지하 감옥에 유폐되다시피 해 온 학생인권 문제나 숨 막히는 관료 사회의 비인간성에 무감각 내지 무지한 교사가 자기 마음인들 제대로 닦을 수 있을까? 1980년대 중반부터 눈물겹게 시작된 교사-교육운동의 공덕은 도대체 어디로 다 가 버렸단 말인가?

그랬다. 여태전, 그를 만나기 전의 나는 이런저런 생각으로 의기소침해져 있었다. 길 잃은 늙은 당나귀 몰골이랄까? 그런데 무슨 일이 일어났나? 아무 일도 일어나지 않았다. 여태전은 내게 '아름다운 열정'에 대해 말했을 뿐이다. 그것은 '자신의 무지에 대한 분노와 진리를 향한 사랑이 합쳐진 에너지다'라고. 그리고 또한 그는 광야에서 외치는 선지자처럼 이렇게도 말했다.

"쉽고 편안한 길은 스스로를 멸망케 한다."

2

선지자는 누구인가? 그는 누구도 가지 않은 길을 앞서 헤쳐 가는 사람이다. 때론 홀로 등불을 들고서 캄캄한 길을 밝히기도 한다. 지혜와 열정의 화신이 되어. 여태전은 누구인가? 그는 '도서실에 미친 사람'이다. 도서실에 미친 선생도 선지자일 수 있을까? 한번 살펴보기로 하자.

그러니까, 경남 양산시 웅상읍의 한 사립 고교에서 교직의 첫발을 디딘 여태전은 어느 날 교장을 찾아가 단도직입적으로 간곡한 청을 올린다.

"저에게 도서실 일을 맡겨 주십시오. 3년 동안만 그 일에 전념하고 싶습니다. 그리고 도서실을 교무실 옆으로 옮겨 주십시오."

학교마다 도서실은 천덕꾸러기 취급을 당하기 일쑤였기에 교장은 고개를 갸우뚱했다. 그러나 여태전은 진작 마음을 정한 바였다. 교사로 부임하기 전 일 년간 그는 같은 학교의 서무실 직원이었다. 말하자면 선생이 되기 전에 '교사들의 모습을 가까이서 객관적으로 볼 수 있는 기회'를 가진 것인데, 그는 지극히 실망했다. '교육과 거리가 먼 온갖 편견과 무지와 욕심들'을 교사들에게서 보았기 때문이다. 그때부터 그는 '선생님과 학생들의 행복한 만남 공동체로서 학교'를 고민한다. 교사가 되면 나는 무엇을 할 것인가? 그런데 그가 내린 결론은 짧고 소박하고 강력(!)했다.

'학교의 심장부, 도서실부터 살리자!'

그 이유 또한 단순 명쾌한 것이었다.

"책을 가까이하는 교사는 자신을 돌아볼 기회가 많아집니다. 자연 내적으로 충만해지고 행복해지겠지요. 그러면 학생들에게도 너그러워지고 다정다감해질 것이고……."

철없는 '독서 지상주의자' 여태전은 개교 이래 내내 '못 쓰는 창고처럼 방치돼 왔던 도서실'의 정비 전쟁에 나선다. 도서위원 학생들과 함께 '먼지 쌓이고 곰팡이 슨 책들'을 닦고 정리하고, 형편없는 책장과 책상을 수선한다. 일요일도 방학도 없었다. 그러나 그는 그것이 '아름다운 열정'의 나날이었다고 했다. 이러니 도서관에 미쳐 버렸다고 할밖에. 3년만 하겠다며 시작한 도서실 일은 2년 전 학교를 옮기기 전까지 10년을 넘겨 버렸단다. 그 세월 동안 그는 같은 재단 산하의 개운중·효암고를 오갔는데 그가 떠나고 나면 쇠퇴해 버리는 도서실을 다시 돌아와선 되살리는 식이었다. 그런데 도서실 공간만 번듯하면 뭐하는가. 도서실은 살아 움직여야 한다. 그는 학생 독서 토론회를 비롯한 다양한 독서 프로그램과 문학 기행을 기획하는 것은 물론 교사 독서 토론회도 만들어 '함께 공부하는 분위기'를 만들어 나간다. 그런데도 한번은 이런 일도 있었다. 그가 교육학 박사 과정 공부를 위해 일 년간 휴직을 하고 돌아오니 도서실은 온데간데없고 그가 애지중지해 온 책들은 '쥐가 들락거리는 다락 창고'에 산더미처럼 쌓여 있었단다. 특별실들을 교실로 바꾸는 과정에서 도서실이 없애도 좋을 공간 제1순위가 되었다는 것이다! 그는 다시 팔을 걷어붙이고 학교의 좁은 귀퉁이에나마 도서실을 재건하고야 말았지만 그에게 그것은 현대판 분서갱유나 다름없었다.

　1999년 9월 진주 삼현여고로 옮겨 와서도 여태전의 발걸음은 저도 모르게 도서실로 향했다. 그는 10년 경력의 도서실 전문가였고 그 전문성은 머리가 아니라 손과 발로 이루어 낸 땀방울의 결정체였다. 그는 여느 학교와 마찬가지로 홀대당하고 있는 도서실 개혁에 당장 손을 댄다. 1천만 원가량의 예산 내역이 포함된 '개혁안'을 교장에게 정중히 제출하고 그 자신은 걸레와 페인트, 붓과 망치를 들었다. 도서위원 아이들의 말을 잠시 엿들어 보자.

　지난겨울, 유난히도 땀을 많이 흘려야 했던 우리들. 매일같이 책의 먼지를 닦고 이리저리 나르고 분류를 시작했다. 책을 한 권 한 권 옮길 때마다 감당하기 힘든 먼지에 곤욕을 치러야 했고 흰 장갑이 어느새 검은 장갑이 되었으며 우리 콧속은 편한 날이 없었다. 가장 힘들었던 건 3층에서 1층 화장실까지 가서 걸레를 빨고 양동이에 물을 떠서 나르는 것이었다.

-도서부 글모음 창간호《미네르바》중에서

　그럼에도, 아니 바로 그랬기 때문에, 아이들은 '그해 겨울, 우리는 행복했다'고 쓸 수 있었으리라.

3

경남 하동 '촌놈'인 여태전은 중학교를 졸업하자 '기술인은 조국 근대화의 기수'라는 견장을 달고 보무도 당당하게' 전북 소재 국립 기계공업 고등학교에 들어간다. 그런데 그곳은 학교라기보다는 군대였다. 제복을 입은 장성 출신의 교장에, 선배들의 일상적 구타와 기합에, 밤마다 취해지는 점호, 어김없는 불침번과 보초 서기, '충성!'인가 '단결!'인가 하는 구호를 외치며 거수로 하는 경례. 여느 친구들처럼 잠들기 전엔 이불 속에서 많이도 울었다고 했다. 그러나 알 수 없는 게 사람 일이다. 고등학생 여태전은 그 빡빡하고 고달픈 3년 동안 오히려 아주 귀중한 체험을 하게 된다.

"늦은 밤이나 꼭두새벽 밖에서 보초를 설 때면 몰래 가지고 간 시집을 꺼내 읽곤 했지요. 그리고 인적 없는 고요한 밤, 가로등으로 몰려드는 나방이며 온갖 벌레들, 하루살이들을 바라보며 나는 큰 충격을 받았습니다. 그건 생명에 대한 외경 같은 거였지요. 그때 체험한 여름날의 소나기며 겨울의 눈보라를 저는 잊지 못합니다."

수인囚人 아닌 수인이 되어 버린 열여섯 한창나이의 순결한 눈에 비친 세계는 문자 그대로 신비였으리라. 그것은 그가 온실 속에서 잘 먹고 잘 입으며 꽁꽁 보호받고 있었다면 영영 경험하지 못했을 그런 세계인 것이다. 그뿐 아니다. 어느 날 점심시간엔가 학교 담장 너머로 우연히 발견한 하얀 목련꽃! 그는 그만 넋을 잃고 만다. 행복했다. 그날부터 한동안 목련 꽃을 보러 가는 게 그의 내밀한 일과가 되었다고 그는 말했다.

"그 감동을 표현하고 싶어 시를 쓰기 시작했지요. 한데 여태 그 목련에 대한 시만은 쓰지 못하고 있습니다."

그러니까 그는 진작 감동의 명수였던가? 이제 마흔을 갓 넘긴 그의 짧지 않은 삶은 '충격-감동'을 통한 자기 발견의 연속처럼 보인다. 대학 졸업 여행 사흘째 되던 날 밤, 가장 가까운 친구가 그에게 '학생운동'에 왜 소극적이냐며 질타를 하자 그는 충격을 받는다. 때는 격동의 5공 말기였으니 오죽했으랴. 그러나 그는 '손에 돌을 들기보다' 교내 통일문제연구소 학생 연구원이 되어 〈원효 화쟁和諍 사상의 시각에서 본 민족 화합 민주통일〉이라는 논문으로 그 충격에 화답한다. 또한 그는 교직 사회가 지독한 '정체성 상실 지대'이며 '침체의 늪'임을 발견하자 이미 말했듯 도서실 개혁이라는 구체적 운동으로 맞선다. '절대 부정에서 시작하여 절대 긍정에 이르는' 원효는 도서실 운동의 사상적 배경이었고 그의 오랜 감동의 원천이기도 했다. 또 있다. 그는 《아름다운 삶, 사랑 그리고 마무리》의 주인공인 스코트와 헬렌 부부에게 보내는 편지 형식의 교사 독서 토론용 발제문에서 '낮엔 격렬하게 땅을 밟으며 노동하고, 밤엔 늦도록 독서하고, 새벽에 일어나서는 명상과 글쓰기를 생활화한' 그들에게 아낌없는 찬사를 바친 뒤 이렇게 고백한다.

그런데 스코트 씨, 요즘 저는 자신에게 이런 질문을 던져 봅니다. 내가 지금 당신들의 아름다운 삶 앞에서 지나치게 감동하고 지나치게 호들갑 떨고 있는 건 아닌가? 지금의 이 열정은 이내 식고 말 것은 아닌가? (······) (하지만 나는) '감동할 줄 모르는 사람은 더 이상의 영적 성장이 멈춰 버린 사람입니다 / 감동을 잃어버린, 생기와 생명이 없는 사람은 미래가 없습니다'라고 충고하는 박노해 시인의 시를 떠올립니다.

그리고 마침내 그는 간디학교를 '감동적으로' 만나게 된다. 그것은, 천성적인 학구열을 어쩌지 못해 (자신은 '촌놈, 공고 출신, 지방대 출신이라는 열등의식 때문'이라고 하지만) 경상대 대학원 교육학과 석·박사 과정에 들어간 그가 대학이란 곳이 '상식과 양심을 말살하는 거대 공룡 사회'임을 깨닫고 '지식인의 몰염치'가 얼마나 심각한가를 몸소 '체득'하는 과정에서 일어난 일이기도 했다.

그는 2002년 2월 〈간디학교의 대안 찾기〉라는 제목의 논문으로 박사학위를 취득했다. 간디 공동체의 일원이 되다시피 하며 작업한 결과였다. '간디학교라는 공동체의 삶과 교육에 관한 보고서'이자 '그들의 희망과 꿈, 절망과 좌절의 이야기'인 그의 논문에는 간디학교의 모든 것이 담겨 있다. 아니 교사 여태전의 현재의 모든 것도 여기에 숨 쉬고 있다 해야 한다. 그는 일찍부터 도서실을 학교 안의 대안 학교라 불렀다. '해방구'라고도 하고 '틈새'라고도 했다. 대안 학교의 필요성을 누구보다도 절감했다는 말이다.

"'사랑과 자발성'의 교육을 실천하고 있는 간디학교는 늘 제 가슴을 설레게 합니다. 또한 설립자 양희규 선생님의 교육철학과 삶의 방식은 흔들리는 저를 곧추세우곤 하지요. 그는, 진정 길이 보이지 않을 때는 제로부터 시작하라고 그랬어요. 그리고 그의 스승인 간디는 진실 앞에서 단순해질 것을 우리에게 가르쳤지요."

그가 어려울 때일수록 '내가 먼저 참 좋은 샘물이 되자'고 스스로를 채근하는 것도 진실 앞에서 단순·정직하라는 그 가르침을 잊지 않기 때문일 터다.

"내가 먼저 샘물이 될 수 있으면 내가 먼저 행복해집니다. 교사가 행복해야 학생도 행복해지지요."

그의 '행복의 철학'은 간디학교의 교육 이념이기도 하다. 그러나 그는 이미 도서실 운동을 하면서 그것을 역설해 왔다. 책 사랑은 자기 사랑이고 자기 사랑은 자기 행복을 가져다주며 자기 행복은 궁극적으로 모두의 행복의 원천이 된다고.

그러나 그는 요즘 상처 입은 새처럼 몹시도 아프고 우울하다. 아무도 없는 깊은 숲 속에 숨고만 싶은 심정이다. 지도 교수가 연구비를 타내기 위해 제자의 논문을 도용하는 '관행(?)'을 직접 목도했을 뿐 아니라 얼마 전 그 '사건'이 실명으로 언론에 보도되었기 때문이다. '진실'은 밝혀져야 마땅했지만 '다 함께 행복해지기'를 꿈꾸어 온 그에겐 그 자체가 엄청난 고통과 자괴감을 불러일으켰다. 대학 사회의 이른바 '침묵의 카르텔'은 그의 인간적 고뇌는 아랑곳없이 '스승을 죽인 몹쓸 제자'라며 그를 공격했던 것이다.

"하지만 어쩌겠습니까. 중요한 건 서 있는 자리에서 내가 할 수 있는 일을 성심껏 하는 것입니다. 그리고 원효는 냉철한 비판 없는 화和는 없다 했습니다. 대충대충은 없는 거지요. 그 자신 가는 곳마다 문제를 일으키는 삶을 살았지 않습니까? 그는 절대 부정 속에서 절대 긍정의 꽃이 피어난다고도 했지요. 저는 비판을 위한 비판을 넘어서 늘 새로운 대안을 찾아가는 적극적인 삶의 자세를 원효에게서 읽어 내곤 합니다."

그에겐 몇 년 전에 펴낸 시집이 하나 있다.《꿈이 하나 있습니다》가 그것이다.

모질게 다시 마음먹고 눈뜨는 날 / 온갖 잡투성이 단칼에 베어버리는 날 / 내 죄를 사하여 주소서 / 온몸으로 기도하는 날 / (······) / 온전한 나를 찾는 날 / 죽어 다시 사는 날

- 〈새날〉 중에서

그는 최근에 와서 이 시를 가만히 펼쳐 암송해 보곤 한다고 했다. 그 까닭은 짐작이 가고도 남지만 딴은 무서운 시가 아닐 수 없다. 그러나 우리는 알고 있다. '감동의 교육'과 '행복의 철학'에 값하는 사람일수록, 포기할 수 없는 '꿈 하나'를 간직할 줄 아는 사람일수록 자기 자신에게는 무서우리만치 철저하기 마련이라는 것을.

2002년 10월

여태전의 그 후 이야기

또 한 해가 저물고 있습니다. 제가 선생님을 처음 만났던 게 2002년 여름 끝자락이었으니, 그 사이에 벌써 10여 년 세월이 쏜살같이 지났습니다. 곰곰 돌이켜 보면 그간 개인적으로나 사회적으로 너무나 많은 일이 있었습니다.

무엇보다도 저는 2002년 그해를 '뜨겁게' 기억할 수밖에 없습니다. 사회적으로는 월드컵 4강에 이어 노무현 열풍이 일더니 마침내 감동적인 선거 혁명을 이룬 해였지요. 개인적으로는, 그때 선생님의 인터뷰에서도 언급되었지만, 엄청난 고통의 '터널'을 막 빠져나온 뒤였습니다. 제가 통과한 그 어둠의 터널은 '상식과 양심을 말살하는 거대 공룡 사회'가 되어 버린 '대학 사회'였습니다. (석·박사 공부를 하는 중에 그걸 생생하게 경험했지요.) 그런데 참 놀라운 것은 그때 제 사진을 보면 평온한 웃음을 머금고 있다는 사실입니다. 마치 한차례 태풍이 지나고 난 뒤 세상이 너무나 평화롭고 고요해지는 그 순간이 아니었을까 싶네요. 오랜 세월 애써 움켜쥐고 있던 탐욕을 한순간 단호하게 잘라 버리고 난 뒤 맞이한 "외롭고 높고 쓸쓸한" 그때 그 심정이 아련히 떠오릅니다.

어쩌면 저는 그때 이후 비로소 '자유인'이 되는 첫걸음을 시작했던 것 같습니다. 무언가 하나를 확실히 깨달은 거지요. 그것은 바로 '버리고 떠나기'가 사람을 참 많이 성숙하게 한다는 것입니다. 그렇습니다. 저는 그때 이후 지독한 외로움을 마주하면서 내면의 소리에 귀 기울이기 시작했습니다. 날마다 강한 개인으로 거듭나는 '홀로서기' 연습을 했으며, 매사에 허영심을 버리고 실사구시적인 삶을 살고자 애썼습니다. 그리고 마침내 저는 가슴이 이끄는 대로 살아야 함을 깨달았습니다.

2006년 3월 삼현여고를 떠나 간디학교 교사가 되었습니다. 18년 동안의 일반 학교 생활을 접고, 대안 학교 교사로서 삶이 시작된 것입니다. 제 인생에서 새로운 전환점을 맞이한 셈이지요.

하지만 저는 첫 출근, 첫 수업부터 깨지기 시작하여 이듬해 간디학교 교감이 되고, 4년 뒤 다시 간디학교를 떠날 때까지 무수히 많이 부딪히고 깨지면서 새롭게 배워야 했습니다. 꿈꾼다는 것과 그 꿈을 산다는 것, 안다는 것과 실제 행할 수 있다는 것이 얼마나 다른가를, 나아가 제가 지금까지 알고 있는 모든 것이 '고정관념' 덩어리였다는 사실을 절절하게 깨우쳤습니다. 이전에 '주변인'으로 간디학교에 드나들면서 '훈수' 두기는 쉬웠지만, 막상 간디학교 교사로서 '주인'이 되고 보니 '책임'질 일밖에 없었습니다. 바둑판에서는 훈수가 통할지 몰라도 삶에는 훈수가 통하지 않는다는 것을 온몸으로 배웠습니다. 옮겨 가는 학교마다 그랬듯이 간디학교에서도 도서관 살리기 일에 열정적으로 매진했습니다. 도서관은 제가 꿈꾸는 교육의 마지막 보루였고 지금도 그러하니까요.

아시다시피 저는 지금 공립형 대안 학교인 태봉고에서 초대 교장으로 일하고 있습니다. 작년에 또다시 '버리고 떠나기'를 감행한 것입니다.

개교한 지 2년째, 우리는 여전히 많은 시름과 문제를 껴안으며 살고 있습니다. 날마다 일희일비—喜—悲의 삶을 반복하고 있습니다. 그래서 파울로 프레이리는 "포기하지 않고 수천 번 시도할 용기가 없다면 가르치는 일은 불가능하다"고 했나 봅니다.

2주일 전에야 내년 봄에 맞이할 신입생 선발을 마쳤습니다. 첫해부터 2.2대 1의 경쟁률을 보이더니 이번엔 3.2대 1이 되었네요. 이러다 보니 대안 학교가 귀족학교가 되어 가는 건 아니냐는 오해도 생기더군요. 처음엔 일반 학교에 '적응하지 못한' 아이들이 모인 '문제아 수용소'쯤으로 생각하더니 말입니다. 정작 중요한 건 왜 이런 현상이 생기는가, 왜 대안 학교가 생겨날 수밖에 없었는가에 대한 진단이라 생각합니다. 그것은 경쟁이나 돈보다 더 소중한 가치와 철학을 배우고 경험할 수 있는 학교에 대한 많은 이들의 갈망 때문이라 생각합니다.

태봉고는 성적이라는 한 가지 잣대로 서열화하여 학생을 뽑지 않습니다. 다양한 관점, 즉 학생과 학부모의 자기소개서, 추천서, 학생과 학부모 면접으로 선발하는 것이지요. 이번도 선발을 위한 면접을 보느라고 저를 비롯한 전 선생님들이 몇 날 며칠을 엄청 고생했지요.

태봉고는 수용소도 귀족학교도 아닌 단지 일반 학교와는 '다른' 교육과정을 운영하고 있을 뿐입니다. 그래서 힘든 일이 하나둘이 아닙니다.

가장 힘든 것은 열정 있는 동지들을 만나기가 쉽지 않다는 것입니다. 열정은 '정당한 분노'와 '사랑'이 합해진 에너지라고 했는데, 세상과 교육 문제에 얽힌 모순과 악을 보고도 마땅히 분노할 줄 모르는 젊은이들로 가득 찬 학교는 더 이상 희망이 없다고 여겨지곤 하는 것이지요. 이제 교직 사회는 대한민국에서 가장 이기적이고 가장 편안한 월급쟁이 집단으로 전락해 버린 건 아닐까요? 이런 사실을 애써 외면하는 교사들이 늘고 있음에도 전교조마저도 더 이상 '교육 희망'을 노래하지 못하고 집단 이기주의에 물들어 있다는 비판에 직면해 있습니다. 이런 현실이야말로 우리 교육의 가장 큰 비극이 아닐까요?

그러나 우리는 절망할 때마다 도종환 시인의 시 〈담쟁이〉를 떠올리면서 "한 뼘이라도 꼭 여럿이 함께"하겠다는 의지를 다집니다. 그 어떤 경우에도 포기하지 않고 "서로 배우고 함께 나누자"는 교훈을 가슴에 품고 한 뼘 한 뼘 저 '절망의 벽'을 넘어가겠습니다. 최악의 경우에도 축복하고 또 축복하는 삶의 자세를 놓치지 않겠습니다.

2011년 12월
창원에서 여태전

'모던 차일드 modern child'의 초상

박원식
경북 군위 부계중 (2006년 타계)

1

 교실을 하나의 소극장이라 한다면 대개 교사는 배우고 학생은 관객이다. 그리고 수업은 무대에서 펼쳐지는 한 편의 연극이다. 그런데 불행히도 이 연극은 도무지 연극답지가 않다. 관객은 늘 동원된 관객이고 연극은 어떤 상상도 불러일으키지 않는 단조로운 무대에서 진행되는 지겨운 내용의 일인극일 때가 다반사다. 게다가 관객은 하루 이틀이 아니라 일년 열두 달 일방적으로 '배정'된 한 배우의 일인극만 봐야 한다. 끔찍한 일이 아닐 수 없다. 관객에게만 그럴까? 로봇이 아닌 다음에야 배우 역시 죽을 맛일 건 뻔한 이치. 아니 그가 뭔가 진정한 배우이고자 고심하는 한에 있어서는 관객의 벙어리 냉가슴을 그들보다 먼저 강렬하게 느끼지 않을까?

 1999년 어느 날 경북의 한 공업고의 국어 선생 박원식은 '철가방'을 들고 교실로 들어선다. 아이들의 눈길이 일제히 철가방으로 향하고, 웅성거림과 함께 폭소가 터진다. 틈만 나면 책상에 엎어져 자는 게 일과인 녀석들까지 잠이 깨선 멀뚱멀뚱 철가방에 초점을 맞춘다. 문답이 시작된다. "그 안에 뭐 들었십니꺼?" "알아맞혀 봐라." "먹을 거요!" "짜장면!" "글쎄다." "빨리 열어 보이소!" 박원식은 교탁 위에 올려 둔 철가방 문을 천천히 연다. 그리고 꺼낸다. 분필통, 교과서 등등을. 학생들은 실망을 했을까? 아니면 예상을 했을까? 여하튼 그들은 짐짓 야유를 보내지만 교사는 벙글벙글 웃기만 한다. 이윽고 그는 말한다.

"철가방 속에선 짜장면만 나온다는 고정관념을 버려라. 책이 나올 수도 있다. 책은 영혼의 양식이다. 그래서 나 오늘 국어 40인분 배달 왔다."

 그런데 이런 '깜짝쇼'의 약발은 일주일을 넘어서지 못한다는 걸 그는 경험으로 알고 있다. 다른 입장 방법을 '연구' 안 할 수가 없다. 훌륭한 배우는 등장과 퇴장을 결코 소홀히 하지 않는 법이다. 그리하여 그는 어떤 날은 가발을 쓰고 등장하고 어떤 날은 뒷문으로 살짝 도둑처럼 나타나기도 하고 또 어떤 날은 앞문을 이용하되 뒷걸음으로 들어간다. 몇 년 전 여름엔 교무실에서 선생님들과 포도를 먹고 있는 중에 수업 종이 치자 그는 포도 한 송이를 들고 교실로 향한다. 학생 모두에게 한 알씩 나눠 주기에는 모자랄 것 같으니까 그는 머리를 쓴다. 아이들에게 돌아가며 문제 풀이를 시키고는 틀린 아이들부터 포도 알을 선사키로 한 것이다. "니는 답을 못 맞혔으니 얼마나 섭섭하겠노?" 이런 위로의 말과 함께 말이다. 요즘 들어 그는 그 문제의 철가방에 실제로 먹을 것을, 그러니까 사탕 같은 걸 봉지째 넣어 가서 아이들과 나누어 먹기도 한다. 아이들의 실제 바람에 눈높이를 맞춰 본 셈이다. 아직 실행에 옮기지 않은 계획도 있다. 그건 물구나무로 걸어 교실에 들어가는 것이다. 잘될지는 그도 장담 못 하지만 미수에 그친들 어떠랴? 그런 생각을 해 보는 것만으로도 그는 유쾌한 것을.

 "전들 교과서 진도와 평가에만 치중된 판에 박힌 수업으로부터 자유로울 재간이 있겠습니까? 단위 수가 높은 과목인 국어 수업을 매번 이벤트처럼 꾸려 가기는 불가능하지요. 하지만 그런 판박이식 수업에 매

몰된다는 건 저로선 상상하기 어렵습니다. 그건 학생들보다 제가 먼저 견딜 수 없으니까요."

교사라면 누군들 그렇지 아니할까? 하지만 많은 교사들이 어지간히 잘 '견디고' 막무가내 밀어붙이는 힘도 대단하다는 것 또한 우리는 모르지 않는다. 교실이라는 연극 무대는 '관객 모독'이 공공연히 이루어지는 장소인 것이다. 그런데 박원식이 보기에 그러한 관객 모독적 상황은 '배우'에 대한 모독이기도 하다. 요컨대 그의 교실 입장 방법 연구는 바로 그러한 모독에 대한 모종의 창조적 보복인 것이다.

2

그렇다. 나는 방금 '창조적 보복'이라고 했다. 그런데 이런 엄청난 말을 함부로 써도 되는 것일까? 너무 화려해서 공허해지는 말은 삼가는 게 낫다. 그러나 나는 내 발언을 철회하고 싶은 마음이 없다.

"인간은 의사, 은행원, 변호사, 군인, 정치가, 간호사, 요리사, 교사 등등의 직업인으로 살아가는 게 아니라 시인으로 살아간다는 하이데거의 말에 매료된 적이 있습니다. 그가 말한 시인이란 글쟁이가 아니라 무언가를 창조하는 존재로서의 시인인 거지요."

"삶의 부조리와 예술의 무상성에 젖어서 보낸 대학 시절"을 떠올리면서 박원식은 이렇게 말했던 것이다. 그는 진작부터 그러한 하이데거적

의미의 시인이기를 욕망했다는 말이다. 그러기에 나는 박원식의 철가방이, 사람들이 뭐라 하든, 일회성 해프닝 도구가 아니라는 것, 차라리 그것은 '철학적 철가방'이라 이름 해도 좋은 무엇이라고 예단부터 하고 싶어지는 것이다. 내가 보기에 바로 그 철가방의 정신으로부터 그의 빛나는 교육적 시도들이 숱하게 잉태되는 것 같으니까.

예컨대 그는 중학교 교과서에서 '영혼의 얼굴'이라는 문구를 만나자 아이들에게 각자 친구의 영혼의 얼굴을 그려 보라고 이른다. 그리고 그도 차분하고 맘씨 고운 한 아이의 얼굴을 칠판에다 즉흥적으로 그린다. 그런데 그림은 그냥 동그라미 하나다. 그러자 그 아이는 자기도 선생님의 얼굴을 그렸다며 그림을 보여 준다. 놀랍게도 아이의 그림엔 원의 한가운데에 점이 하나 찍혀져 있을 뿐이다. 아이는 교사가 그린 원에 점 하나만 더한 셈이다. 이쯤 되면 화룡점정畵龍點睛에 염화시중拈華示衆의 미소가 따로 없다. 박원식은 순결한 아이의 영혼을 소박하게 원으로 표현했던 것인데 아이는 제 마음을 '꼭' 찍어 낸 것 같은 그가 '쏙' 마음에 들었다고 말한 것이다. 어떤 아이는 알전구에 불이 들어온 그림을 그려 놓고는 선생님이라고도 했다. 박원식이 대머리라서? 하지만 그의 뇌가 늘 반짝반짝한 아이디어로 충전되어 있는 것처럼 보이지 않았다면 그 아이가 굳이 알전구만 그렸을까? 머리의 뒤쪽 윗부분이 벗겨지고 배가 좀 나온 그의 모습을, 엄지손가락을 측면으로 세운 그림으로 표현한 아이도 있었다.

또 한 가지. 어느 해 학예제 때 박원식은 아이들과 함께 '무지개 탑'을 교정에 설치한다. 1.5리터짜리 빈 페트병 448개를 64개씩 일곱 그룹으로 나누고 거기에다 빨주노초파남보 일곱 색깔의 물감을 채운 다음 그것들을 색깔별로 차례로 쌓아 올려 가는 식으로 만들었다.

"가을에 만든 그 무지개 탑은 겨울이 되자 형형색색으로 얼어 버렸지요. 페트병 일부는 터져 버렸고요. 그걸 보면서 이육사의 〈절정〉이란 시에 나오는 '겨울은 강철로 된 무지갠가 보다'란 구절을 실감 나게 이해하게 되었습니다."

그러니까 아이들과 함께 만든 대형 설치미술품을 통해 그는 익히 알고 있던 시를 새롭게 '발견'하게 되었다는 얘기다. 헌데 그가 종내 '발견'에만 만족 못 하고 '발명'까지 손을 댄(!) 것은 무슨 까닭일까? 그는 과학 교사도 귀찮아할 발명품 경진대회에 나가고 싶어 하는 학생들을 5년 연속으로 지도하여 해마다 입상의 기쁨을 맛보게 하고, 그것도 성에 안 차 그 자신이 교사 발명품 대회에 출전하는 데 열을 올린다. 그런데 거기에 무슨 이유라도 있었을까? 아니다. 아이들이 즐겁고 그도 즐거운 일이라면 섶을 지고 불에라도 뛰어들 그일 뿐이다. 적어도 그런 포즈라도 취하지 않고는 배기지 못할 그인 것이다.

"사람들은 저를 제멋대로인 일탈 교사로만 볼지 모르지만 창의성을 추구하고 있다는 면에서 본다면 저야말로 이 시대가 요청하는 교사라 할 수 있지 않을까요? 그리고 말할 필요도 없는 것이지만 창의적인 교사만이 창의적인 아이를 길러 낼 수 있는 법이지요."

이 같은 모범 정답을 곁들인 자화자찬이 오히려 신선하게 느껴지는 건 그가 그런 정답에 이르는 적지 않은 산뜻한 길을 직접 발견했기 때문일 터다. 교육관이 뭐냐고 묻자 그는 곧장 대답했다.

"그건 저 자신의 삶의 목표와 맞닿아 있습니다. 대통령의 자리에 있더라도 그 능력을 잘 발휘할 줄 알고 채마밭을 가는 가난한 농부로 살아도 공연히 남을 선망하지 않는 그런 철학을 지닌 인간을 길러 내는 게 바로 교육이 할 일 아닐까요? 그러기 위해서는, 다들 알다시피, 평가 위주 학습이 아니라 목적 지향적 탐구 학습을 통해 자발성을 길러 줘야 하겠지요."

3

박원식의 교직생활 이력은 우리를 좀 정신없게 만든다. 그건 그의 보헤미안 기질에서 연유하는 게 분명해 보이지만 타고난 예술가의 기벽이 수시로 발동한 탓도 크다고 해야 한다.

1983년 경북대 국어국문학과를 졸업하고 대구의 한 사립 고교에서 처음으로 선생이 되었을 때만 해도 그는 "나 자신의 어떤 성취보다는 학생들의 그것을 위해 하나의 다리나 거름이 되겠다는 결심", 그러니까 고교 시절부터 그를 사로잡았다는 "순교자적 열정"으로 가득 차 있었다고 했다. 그는 이오덕 선생에게 편지를 낸 것을 인연으로 글쓰기연구회가 만들어진 초기부터 그 활동에 참여하는 행운도 안았고 당시엔 흔치 않았던 학급문집도 열심히 만들었다고 했다. 그러나 그는 2년도 채 못가 "바람이 나서 들뜨기 시작"했고 대학원 진학을 핑계 삼아 학교를 떠난다. 그 후 그는 학원가를 전전하는데 1986년, 이번엔 부산으로 휑 내려가 한 사립 공고에 취직한다. 바로 그해 그는 YMCA중등교육자협의회 소속 교사들이 감행한 역사적인 '5.10교육민주화선언' 사건을 같이 겪는다. 그리고는 2학기가 되자 다시 대구로 올라와 버린다. 그쪽의 한 여자 상업고등학교에 자리가 나기도 했거니와 필경 "바람"이 도졌던 것이다. 그러나 역사는 종내 '아웃사이더'이기를 고집해 온 그의 목덜미를 낚아채고 만다. 1989년 전교조가 출범하면서 그와 대학 시절부터 가까이 지내 온 친구나 선후배들이, 전국의 1,500여 교사들과 함께 우수수 해직되는 모습을 목격해야 했던 것이다. 그러나 그는 징계 광풍을 어쨌든지 비켜 가기로 맘을 먹은 바였다. 이미 부산에서 치른 교육민주화선언사건 이후 교사운동과는 일정한 선을 긋고 있었던 것이다. 그러나 그는 끝내 가만히 있지 못한다. 그해 여름 '교사 대학살'도 끝나고, 학교에 남을 사람은 남고 나갈 사람은 나가고 그렇게 겉으로나마 모든 게 다 정리된 마당인 8월 말경, 그는 혼자 '불법' 전교조 대구지부 사무실을 찾아가 가입 원서를 제출한다. 만신창이가 되다시피 한 전교조에 조금이라도 힘이 되기 위해서란 게 이유였다. 그러나 가입서 한 장에 학교에서 쫓겨나고 탈퇴서 한 장에 학교에 남게 되는 그런 시절이었다. 그는 11월 중순경 재단으로부터 해직 통보를 받는다. '해직 기차'는 이미 떠났는데, 그래서 그냥 모른 척하고 역에 서 있기만 해도 역사의 기차는 저만치 사라지고 말 텐데, 그는 굳이 기차를 뒤쫓아 가 거기에 올라탄 것이다. 1994년 봄 복직 국면에서도 그는 다른 해직 교사들보다 한 달이나 늦게 복직된다. 복직 절차를 밟는 과정에서 "면접관인가 심사관인가로 나온 교육청 장학관과 실랑이를" 벌인 탓이었다. 요식적 절차의 하나인 탈퇴서를 내긴 했으나 막상 그들로부터 무슨 심사까지 받아야 하는 상황이 되자 그는 부아가 치밀었고 "강짜"라도 놓고 싶었던 것이다. "나는 이렇게 가슴에 이름표도 달고 있고 내 신분도 밝혔다. 그러니 당신들도 당신들이 누구인지 내게 직접 신분을 밝혀라. 당신네들 중에 빨갱이가 있는지도 모르는 일 아닌가?" 운운하는 식으로.

대구의 한 중학교에 복직한 지 일 년 만에 그는 아내의 정당하고도 당연한 반대에도 불구하고 경북으로 내신을 낸다. 대도시 생활을 접고 싶다는 일념에서였다. 그리고 군위, 포항, 청송, 구미로 잘도 옮겨 다니는 동안 그는 한 번도 인문계고에 배정되지 않는, 그러니까 전문계 학교나 시골의 조그마한 중학교에서 근무하게 되는 행운을 누린다. 행운이라니? 대한민국 인문계고는 3급수고 박원식은 버들치라도 된단 말인가? 그건 아니다. 단지 나는, 수업이든 업무든 "틀에 박힌 일은 죽어도 못 한다"는 그가 오직 대학 입시에만 목을 매야 하는 곳에서 어떤 사고를 칠지가 자못 걱정스러운 것이다. 하긴 그가 일으킬 '사고事故'라야 필경엔 '사고思考'의 전환을 촉구하는 모종의 기발한 이벤트성 사고가 되겠지만 말이다.

4

박원식은 누구인가?
나는 먼저 두 영역의 몇 장면들을 떠올려 본다.

하나는 그가 교실 안에서 아이들에게 권정생 선생의 소설《몽실 언니》나 이오덕 선생이 엮은 농촌 아이들의 시집《일하는 아이들》, 김구 선생의《백범 일지》를 아주 심취하여, 정성 들여, 정열적으로 읽어 주는 모습이다. 그는 낭독의 명수다. 그가 "국어 실습실"이라 이름 붙인 학교 뒷산에서 수업을 할 때는 더 신바람이 날 건 안 봐도 훤하다. 어느 해 3월 수업 중에, 그가 시로서 표현한 대로 "눈雪"이 "창문을 열어젖히고 교실 안으로 마구 들어"올 때도 그는 무언가 주옥같은 글을 낭독하고 있었으리라.

다른 장면은 교실 밖, 학교 밖이다. 2002년 그는 대구의 '예술마당 솔'이라는 화랑에서 〈티슈와 이슈Tissue & Issue〉라는 제목의 첫 번째 개인전을 연다. '두루마기 휴지 설치미술'이 주가 된 특이한 개인전이다. 국어 선생 해서 밥 벌어먹는다고 그림 못 그리란 법 없고 댄서 같은 거 못되란 법도 없지만 이건 사정이 다르다. 회화면 회화, 조각이면 조각 이렇게 나온다면 또 모르겠는데 도대체 장르의 정체가 불분명해 보이는 일종의 전위적 작업을 가지고 세상과 맞서고자 한 것이다. 사실 그는 일찍이 "시인 김수영을 사숙"하고 그 자신 시를 쓰는 시인이자 일간지 신춘문예를 통해 문학 평론가와 미술 평론가로 등단도 한 글쟁이가 아닌가? 그런데 그는 남의 작품을 해석하고 비평하는 일에 만족하지 않고 저 자신이 직접 '예술을 하겠다'고 뛰어든 것이다. 여기엔 박원식다운 사연이 있다.

"10여 년 전에 나온 제 첫 시집이 지인들의 책꽂이에 꽂혀만 있는 걸

보고는 시를 화장지에 인쇄하면 최소한 똥을 누는 시간 동안은 볼 거 아니냐, 또 그 '시 화장지'는 휴지로도 유용하게 쓸 수 있는 것 아니냐는 시니컬한 생각을 하게 되었지요."

그는 이를 즉각 실천에 옮기기 위해 부산의 한 공장을 찾아간다. 하지만 그의 '두루마기 휴지 시집' 제안은 거절당한다. 600만 원을 내면 해 줄 수는 있다 했지만 돈도 돈이려니와 아예 그는 생각을 바꾸기로 한다. 결론은 이랬다. 내가 직접 두루마기 휴지 위에다 써 보자! 그때부터 그는 대단한 정력으로 엄청난 길이의 티슈에다 글도 쓰고 그림도 그린다. 그것을 그는 개인전 때 화랑의 바닥, 벽, 천정을 가리지 않고 칡넝쿨처럼 설치했다. 바늘 가는 데 실이 어찌 안 따라올까? 그는 교내 백일장 대회 때 아이들에게 두루마기 휴지, 티슈, 키친 타월을 나눠 주고 그것을 이용해 시화詩畵든 뭐든 만들어 보라고 한다. 그러자 티슈로 그림책을 만든 아이도 나왔고 화장지를 실로 꿰매어 쿠션을 만든 녀석, 인형을 만든 녀석도 있었다고 했다. 이런 작품들이 그의 개인전 때 함께 전시되었음은 물론이다.

"화장지에도 글을 쓸 수 있고 그림도 그릴 수 있다는, 그 가능성을 보여 주기만 했는데 저보다 아이들이 더 잘하더군요. 자신의 소질과 창의성을 발휘할 수 있는 장만 열어 주면 아이들은 꽃처럼 금방 활짝 피어납니다. 이게 교육이지요. 그런데 우리 교육은 벼를 심어 놓고는 빨리 자라라고 자꾸 위로 당기는 바람에 벼를 죽게 만들었다는 알묘조장揠苗助長의 슬픈 중국 고사와 어찌 이렇게 닮았는지요?"

5

누군가 내게 박원식을 한마디로 '요약'하라 요구한다면 나는 아무래도 이렇게 말할 것 같다. '모던한 차일드 modern child.' 마음은 동심이고 정신은 모더니스트의 그것이라고 말이다. 시인으로서 그가 《일하는 아이들》에 실린 아이들의 시와 모더니스트 김수영의 시 정신에 크게 빚지고 있기 때문만은 아니다. 전교생이 68명인 시골 중학교에서 아이들과 함께 마냥 행복해 보이는 교사 박원식은 그것을 밑천 삼아 자신의 모던한 정신적 영역을 종횡무진 넓혀 나가고 있기 때문이다.

"내게 다락방이 있다면 / 너에게 동화를 써 줄 텐데"

― 〈아파트〉 전문

하고 속삭이던 그는 어느 날 자신이 키우던 새 한 마리를 품고 서울로 올라가선 조계사 법당 안에서 날려 보내는 '자유의 퍼포먼스'를 한다. 학교에서 숙직 근무를 하다 "유리창에 비친 어둠의 질감과 신비한 윤기"에 순간 매료되어 "유리창을 탁본"하고 싶다는 상상의 나래를 펴던 그는 또한 어느 날엔 이름밖엔 모르지만 숨은 보배임이 틀림없는 "개펄의 도예가"를 만나기 위해 서해안 갯마을로 달려간다. 노란 은행잎들과 '도롱뇽을 살려 주세요'라는 구호 등이 페인트로 그려진 자신의 흰색 엑센트 승용차를 몰고서. 그리고 그는 다시 학교로 돌아와 아이들 속으로 스며든다.

"환호와 고함소리 / 운동장에 눈부신데 / 왜 자꾸 내 눈은 빨개지노 /

내가 넘어진 것도 아닌데"

— 〈체육대회〉 전문

왜냐고 그가 묻고 있으니 나는 대답하고 싶다. 그대는, '정녕 우리가 어린아이처럼 되지 않고서는 교사의 문에 들 수 없음'을 아는 인본주의자이기 때문이라고.

2005년 6월

박원식의 그 후 이야기

박원식, 그는 죽었다. 5년 전이다.
 나날이 병이 깊어 갔지만 지인들은 그가 힘을 내 회생할 줄 알았다. 그런데 겨울 어느 날 그는 가 버렸다. 그에게 바쳤던 '고별의 편지'를 여기에 옮긴다.

원식아.
너를 그냥 보내기가 너무 슬프고 억울해서 목 놓아 불러 본다. 이 무정한 친구야. 하늘은 마음이 착하고 아름다운 사람을 먼저 데려간다지만 오늘 나는 그 하늘이 밉고 못 견디게 원망스럽다. 나는 그 하늘에 대고 묻는다. 세상을, 사람들을 너무 사랑한 것도 죄냐고. 그 영혼이 너무 섬세하고 너무 쓸쓸해서 사랑받고 싶고 사랑하고 싶어 하는 것도 죄냐고.

사람들은 너를 두고 타고난 천재라고도 하고 파격과 일탈과 지적 모험을 즐기는 자유로운 보헤미안이라고도 하고, 그래서 주위 사람들을 놀라게도 하고 불편하게도 하는 악동에 무뢰한이라고도 하지만 나는 오늘 네가 그저 순진무구하게 착하여 어리석기까지 한 어린아이일 따름이다. 하느님 앞에 부처님 앞에 부모 형제, 네 어린 아들과 아내, 친구들과 어린 제자들, 그 모두와 함께 오순도순 다정하게 천년만년 살 수 있기를 빌고 또 빌었던 평범하고 자애로운 가장이며 교사일 따름이다.

원식아, 다정이 참 병이기도 했던 이 친구야.
너는 이제 네 〈가을 하늘〉이라는 시처럼 '참혹하리만치 시침 떼고 돌아앉아' 있구나.

그렇다. 나는 이제 얘기를 나누다 번쩍 어떤 영감이 떠오르면 아낌없이 파안대소를 하던 너를 영영 볼 수가 없다! 만날 때마다 '아기 부처님' 같다는 어린 아들과 '우리 하느님'이라 부르는 착한 아내를 떠올리며 늘 참회하고 또 참회한다던 너를 이젠 더 만날 수가 없게 되었다!

삼천리 방방곡곡을 세상에서 가장 바쁘고 가장 화려한 승용차 엑센트로 주유하며 숨은 화가며 빛나는 시인이며 보물 같은 도공들을 만나러 다녔던 너, 정말 알짜배기 예인들을 네 한 가슴에 안고 싶었던 너를 다시는 볼 수 없다는 게 도무지 믿어지지가 않는다.

유달리 눈물을 많이 노래했던 시인 박원식, 너는 사이버 공간에 '눈물 사이트'를 연 적도 있었다. 학생들에게 누구보다도 사랑과 찬탄과 존경을 받았던 교사 박원식. 너는 책과 분필과 사탕이 든 철가방을 들고 교실에 들어서기도 했다. 누군가 '무슨 꽃을 찾겠니 찾겠니' 하고 묻는다면 '물속으로 들어간 누님 꽃을 찾겠다'며 울던 이 친구야.

생각하면 무정했던 건 우리였다. 내가 무정했다. 네 그토록 쓸쓸해서, 그 쓸쓸함 어쩌지 못해 방황하고 아파할 때 그걸 한두 번 본 것도 아니면서, 저놈 저래도 제 가슴에 무언가 하나 갈무리하고 있는 중이겠지, 어느 날엔 시든 그림이든 퍼포먼스든 멋진 작품 하나 탄생시키면서 거짓말처럼 우리 앞에 환히 웃는 얼굴로 나타나겠지, 그립고 그리운 가족의 품으로 돌아오겠지, 라고만 생각했던 나는 무정하고 또 무정했다. 너는 결국 돌아오지 않았으니까. 어쩌면 돌아올 곳이 없었단 말이냐? 그 생각을 하면 가슴이 찢어진다, 원식아.

하지만 원식아 그토록 어렵게 내디딘 걸음이니 부디 잘 가라.

7년 전 네가 '숨바꼭질이야 / 제발 / 죽었다는 말은 하지 말아 줘'라고 노래했듯이, 술래잡기하다 잠깐 숨어 버린 어린 동무처럼 늘 우리 곁에 살아 있을 원식아, 부디 잘 가라. 잘 가라.

네가 아끼던 네 시 한 편 너 가는 먼먼 길에 읽어 주마.

"숲 속 거미줄에 달려 있는 이슬방울이여
세상 모든 인연의 줄에 맺혀 있는 눈물이여"

2006년 11월 21일
윤지형 눈물로 쓰다

나는 '수학數學&修學'한다, 고로 존재한다

김흥규
서울 광신고

1

폭설이 내린 서울, 하고도 홍대 부근 커피숍에서 수학 선생 김홍규를 만나자마자 나는 대뜸 고백부터 했다.

"학창 시절 제일 어렵고 싫었던 과목이 바로 수학이었습니다. 내게 수학은 도무지 난공불락의 요새 같았지요. 지금도."

그러자 그는 즉각 나를 위한 '강의-계몽'에 돌입했다.

"Mathematics가 원래 무슨 뜻인지 아십니까? '세상에서 배워야 할 모든 것'이란 의미입니다. 간단히 말하면 '배움'이라고 할 수 있죠."

수학은 세상을 살아가면서 꼭 알아야 할 쓸모 있는 무엇이라는 게 나를 향한 그의 첫 계몽이었다. 그야 지당하신 말씀이었지만 역시 내겐 화중지병畵中之餠! 그림 속의 떡은 먹을 수가 없다.

"중고등학생 때 수학 선생이나 수학 수업에 대해 안 좋은 기억을 가진 선생님들에게 물어본 적이 있어요. '대칭'이라 하면 뭐가 떠오르느냐고. 그랬더니 국어과는 '균형·조화', 미술과는 '데칼코마니', 한문과는 저울인 '천평칭天平秤', 과학과는 '거울 효과'라 하더군요. 아이들은 '닮은꼴, 거울, 얼굴……' 그러고요. 그렇다면 수학에서 대칭은 무엇일까요?"

나는 딱히 대답할 말이 떠오르지 않았기에 묵묵했고 그는 빠르게 말을 이어 갔다. 거의 종횡무진으로.

"좋습니다. 흔히 수학이 어디에 쓸모가 있느냐고 하죠. 수학은 생각하는 힘을 길러 주는 학문입니다. 그래서 저는 이런 식으로 말합니다. 컵의 물을 마실 때 우리는 원뿔 곡선을 마시는 것이다……. 수학은 김홍도 그림의 비밀을 풀 수 있다……."

"……!"

순간 내겐 한 줄기 빛이 스쳐 지나갔다. 나도 진작 이런 수학 선생님을 만났더라면 수학이 공포와 절망이 아니라 무람 없는 친구로 다가오지 않았을까……? 학창 시절 내내 수학은 손에도, 내 상상력의 레이더망에도 잡히지 않는 추상과 관념과 수수께끼의 딴 세상이었다. 그런데 그를 만난 지 30분도 채 안 되어 나는 나도 모르게 수학에 혹惑해 가고 있었던 것이다, 잠시나마!

2

과연 그는 수학의 유혹자였다. 유혹? 유혹은 낭만적인 말이다. 자신의 매력으로 상대의 정신을 빼앗아 놓고자 하는 그것. 수학에 낭만은 당치 않다고 할지 모르지만 아무튼 그의 수학에의 유혹은 수학의 매력을 환기시킴으로써 가능해지는 유혹이라 해야겠다.

유혹의 시작.

학년 초 그의 첫 수업 시간은 '수학의 눈으로 세상 바라보기'에 할애된다. 발상의 전환을 위한 이야기나 문제 제시를 통해 '지겨운 수학에 흥미를 갖도록' 하는 것이다.

이를 위한 사례를 일별해 보자.

사례1 : 착시 현상(그림1)을 보여 주고 눈의 실수를 보완하기 위해서는 논리적 사고가 필요함을 이야기한다.

〈그림1〉

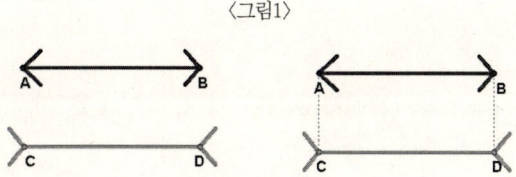

사례2 : '한국의 미소'로 잘 알려진 신라의 유물 '얼굴무늬 수막새'(그림2)를 보여 주고 ㉠ 나머지 부분을 그림으로 복원해 보기 ㉡ 그 지름을 재 보기 ㉢ 이를 원이라 가정하면 중심은 어떻게 구할 수 있는지를 생각해 보기.

〈그림2〉

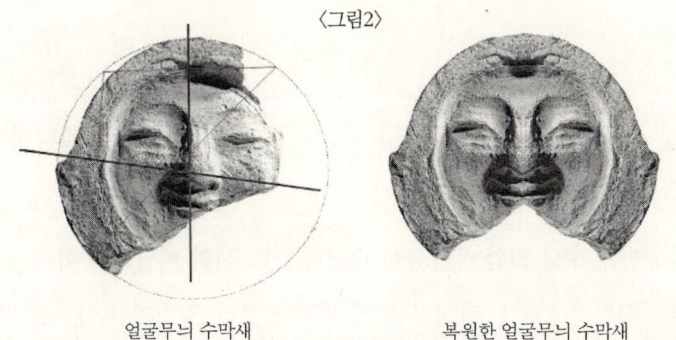

얼굴무늬 수막새   복원한 얼굴무늬 수막새

이처럼 시작은 좀 단순하다. 하지만 그의 유혹은 일 년 내내 변화무쌍하게 이어진다.

"한번은 우리 집 애들과 경주 첨성대 구경을 갔는데 거길 한 바퀴 돌고 나자 애가 하는 말이, '아빠 오른쪽이 기울어져 있어' 라는 거예요. 제대로 관찰한 거죠. 해서 첨성대의 단수와 줄 수를 한번 세어 보자고 했지요. 27단에 12줄. 학교에 와서 CA 시간에 학생들과 첨성대 축소모형을 만들어 보기로 했습니다. 우드락 362개로 30분의 1로 축소해서요."

만든 다음 그는 아이들에게 묻는다. 아니, 아이들을 '자극'한다.

"첨성대 단이 27개라는 것과 첨성대를 완성한 신라 선덕여왕이 27대 왕이었던 것과는 상관관계가 있을까 없을까?"
"중앙아메리카 마야인의 완벽한 천문학적 수준을 알려 주는 마야 피라미드를 본 적이 있는가?"
"첨성대에서 엿볼 수 있는 신라인의 수학적 사고 수준이 놀랍지 않은가?"

또한 이런 자극, 즉 이런 수학적 유혹도 있다.

"거북선은 수학 없인 불가능한 배였다. 거북선의 비밀은 수학에 있는 것이다. 수학과 이순신 장군을 함께 생각해 보라. 임진왜란 이후 도쿠가와 이에야스는 전 일본 국민을 향해 수학 장려 정책을 폈다고 한다."

"1971년 현대 정주영 회장은 울산 미포에 세계 최대 조선소를 짓겠다는 포부를 안고 영국 은행에 돈을 빌리러 갔다. 작고 가난한 분단 국가 한국을 믿지 못하는 영국 은행 책임자에게 정 회장은 당시 우리나라의 500원권 지폐(거북선 그림이 박힌)를 들이밀며 말했다 한다. '우리는 이미 300년 전에 철갑선-거북선을 만들었소.' 그는 거북선을 '빽'으로 영국은행에서 차관을 얻었고, 그리스에서는 유조선 2척까지 수주했다."

말하자면 수학이 아니었다면 거북선도 없었고 현대 조선소의 신화도 없었다는 얘기인 것이다. 그럼 아이들은 그의 유혹에 곧잘 넘어갔을까? 아니 그런 유혹에만 빠져들다가는 수능 시험에서 낭패를 보진 않을까? 그는 단박 대답했다.

"그야, 입시라는 것과 수학 교사로서의 이상 사이엔 균형이 필요하지요."

그런데 그 '균형'이란 어정쩡한 중간이 아니었다. 그는 모종의 이상을 놓치지 않으면서도 입시 현실을 돌파한 경험 하나를 떠올렸다.

그에겐 '수학 없는 세상에 살고 싶다'는 한 여고생 제자가 있었다. 모 대학 국문학과 진학을 원하는데 망할 놈의 수학 때문에 그 꿈이 좌초될 상황. 언어와 외국어 영역은 1등급인데 수리 영역이 난공불락이었으니.

도움을 주기로 하고 녀석을 불렀다. 스승이 물었다. "네 소원이 무엇이냐?" 제자는 대답했다. "35점인 점수를 65점으로 올리는 것입니다." "나를 믿고 따라올 수 있겠느냐?" "네!" 스승이 생각하기에 급선무는 제자가 수학에 대한 생각을 바꾸도록 하는 것이었다. 스승은 예의 '수학이란 무엇인가?'라는 질문부터 던진다. 그리고는, 이를테면, 함수의 세계로 들어가기 전에 이렇게 말한다.

"좌표축의 발견은 수학의 혁명이었다. 오랜 세월 사람들은 원을 도형으로만 표현했는데, 데카르트에 와서 처음으로 수식으로 표현할 수 있게 되었다. 그러므로 데카르트를 위해 묵념하라……!"

그리고 스승은 한국교육과정평가원 사이트에 들어가 최근 2년 치 수능 시험 문제와 모의고사 문제를 모두 뽑아서 제자에게 주고는 '전혀 이해 안 되는 것은 ×표, 알 듯 말 듯한 것은 △표, 풀 수 있을 것 같은 것은 ○표를 하라고 이른 다음 제자에게 명령한다. 매일 6시 50분까지 내게로 올 것……. (무료 특강!) 그래서 결과는? 해피엔딩! 제자는 수능에서 65점을 얻었다 했다. 무턱 대고 풀어 재끼는 물량 공세적 수학이 아니라 '수학이란 무엇인가'라는 인문학적 질문이 이끌어 낸 수학의 승리였다.

3

일찍이 인류의 스승 공자와 맹자께서는 군자삼락君子三樂을 말씀하신

바 있지만 수학 선생 김흥규라 해서 어찌 그런 것이 없을까? '교사는 죽을 때까지 공부해야 한다'는 그가 말하는 두 가지 즐거움-그것은 '발견의 즐거움'과 '가르치는 즐거움'이다. 전자는 수학이라는 학문의 아름다움, 그 깊이와 넓이를 발견할 때의 즐거움을, 후자는 아이들과의 관계에서 얻는 즐거움을 말한다. 요컨대 발견의 즐거움을 아는 교사라야 아이들과 함께 탐구하는 즐거움에 도달할 수 있다는 뜻이다.

"아이들의 대답에 단순히 맞다 틀리다로 대응하면 안 되지요. 그 전에 왜 그렇게 생각했는지를 물어야 합니다. 어떤 것도 다 이유가 있어요. 일견 엉터리 답 같아도 잘 들어 보면 나름의 일리가 있는 거예요. 우리는 실수를 통해 생각이 다듬어지고 넓어집니다. 틀린 답을 통해 진짜 답을 찾아 나가는 과정이 무엇보다 중요하지요."

그가 보기에 정답 아닌 다른 답 혹은 틀린 답을 말하는 학생이 교사를 가르칠 수 있다는 걸 부정하는 교사에겐 '발견의 즐거움'도 '가르치는 즐거움'도 무망하다. 그렇고 말고다. 생각건대 교사들은 얼마나 자주 일방통행적이고 자기만족적, 자기도취적인가! 교사들의 저 답답한 완벽주의 때문에 아이들은 또한 얼마나 숨 막혀 하고 있는가……! 김흥규도 누구 못지않은 완벽주의자로 보이지만 그의 완벽주의는 각고면려刻苦勉勵와 실천궁행實踐躬行과 유비무환有備無患의 다른 이름이라 할 수 있다.

"5분 말하기 위해 3시간은 고민-준비합니다."

이를테면 원뿔곡선을 가르치기 위해 그는 커다란 컵부터 손수 제작한다. 거기에 물을 담아 이리저리 움직이면 원, 타원, 포물선, 쌍곡선들이 생기는데 그것을 아이들이 직접 볼 수 있게 하기 위해서다. 때론 원뿔 모양의 아이스콘을 사 가지고 들어가 그것을 비스듬히 잘라서 타원의 실체를 보여 준다. 수학 공부에서 '인지認知 과정'이 생략되어선 안 되기 때문이다. '사실'을 직접 눈으로 본 연후에 '사고(추상화)'로 가는 것이 옳은 공부법인 것이다. 2학년 자연계열 '이차곡선' 수업을 위해서 약식 '당구대회'(준비물 : 실물 화상기, 타원면 당구대와 스티로폼 공 2개, 큐대(당구봉), 초코파이 3상자)를 벌이는 것도 이런 까닭에서다. 여하튼 그가 참여하는 '전국수학교사모임'('수학사랑'으로 시작한 서울·경기 지역 수학교사모임으로 여덟 명 정도가 매월 3번의 세미나를 한다)의 모토는 또 어떤가.

"열 개를 공부해서 하나를 가르치는 교사가 되자."

공부! 그러고 보니 그의 공부 열정은 전 방위적이라 할 만하다. (이 대목에서 나는 진작 공부를 끝내 버렸기에 결국 문제집 풀이 전문 앵무새가 되고 만 교사들을 떠올려 본다.) 어느 핸가 스승의 날에 꽃을 한 송이도 못 받은 데에 '충격(!)'을 받았다는 그가 즉각 결심한 것은 박사 과정 입학이었다. 2003년 학위를 취득하자 2004년엔 《우리교육》에 '수학 교사 김홍규의 문화기행'을 1년여 연재한다. 수학과 문화, 다방면의 공부를 요구하는 글이 아닐 수 없다. 부지런히 발품을 팔아야 쓸 수 있는 글이기도 하다. 그건 한 편이라도 읽어 보면 금방 알 수 있다.

보통 점이 모여 선이 되고 선이 모여 면이 되고, 면이 모여 입체가 된다고 말한다. 수학에서 도형을 이루는 기본 요소는 점, 선, 면이라는 말이다. 따라서 모든 도형은 점에서 출발하는 셈이다. 그런데 '점, 선, 면이란 무엇인가?'라는 본질적인 질문엔 어떤 수학자도 명쾌하게 답을 할 수가 없다. '무정의 용어'이기 때문이다. (……) 추상적인 점, 선, 면을 다루는 수학 세계에서 벗어나 자연과 인간이 만든 구조물의 조화에서 점, 선, 면을 발견하러 떠나는 여행. 제한된 자연의 공간 속에서 끊임없이 변하는 곳, 바로 남이南怡섬을 찾았다.

- 자연과 인공(人工)이 만나는 곳-강원 춘천 남이섬
《우리교육》2004년 5월호

솔방울의 씨앗 배열이 마치 역사의 소용돌이 같다고 생각하면서 청령포 노산대를 내려오니 여행객들이 쌓아 놓았음 직한 돌탑이 있다. 노산대를 내려오면서 느낀 애절한 마음을 막돌 하나에 실어 쌓아 올린 돌탑이리라. 조각을 분分이라 하면 돌탑은 애절함의 적분(積分 : 조각을 쌓아 올림)인 셈이다. 또한 애절함이 서린 돌탑의 돌 하나하나는 그 마음의 미분(微分 : 작은 조각을 냄)인 셈이다.

- 나무와 꽃에는 자연의 질서가 있네-강원 영월 청령포
《우리교육》2004년 6월호

한편 그는 전국 시·도 교육청에서 알아주는 교원연수원 수학 강사이기도 하다. 지금까지 전남 빼고는 다 갔다고 했다. 강의 주제를 일별해 보면 '생활 속의 수학', '활동 중심의 수학', '문제로 풀어 가는 수학 이야

기', '수리 논술', '발문의 기술, 현실에 바탕을 둔 수학 교육' 그리고 그의 박사 학위 주제인 '해석학' ……. 한 교육청에서는 수강 교사 40명 모두가 그에게 100점 만점을 주었다. 연수원 사상 유례가 없는 일이라며 장학사들이 놀랐다고 했다.

"연수원에서 만난 선생님들에게 늘 하는 말이 있습니다. '수업 중에 아이들이 창밖을 내다 보고 있다면 그건 선생님에게 변화가 필요하다는 신호다. 그런데 '변화'를 꿈꾸는 교사에게는 반드시 '기회'가 온다'라고요."

수학 교사들은 그에게 감동의 박수를 보내곤 했다고 한다. '교사를 감동시키면 아이들도 감동시킬 수 있다'고 믿는 김흥규에 대한 교사들의 화답인 셈이다. 하지만 그런 김흥규조차 하루가 멀다 하고 변하는 아이들을 늘 감동시키지는 못했던 모양이다. '언제부턴가 수업 시간에 아이들이 나를 바라봐 주기만 한다면 좋겠다는 생각을 하게 되었다'고 그는 털어놓았다. 나는 학원에서 밤늦도록 선행 학습을 하고선 다음 날 수업 시간엔 졸음과 싸우며 혹은 피로에 절은 얼굴로 맥없이 앉아 있는 아이들을 떠올렸다. 아무렴. 김흥규도 신이 아닌 이상 때론 도무지 수업이 불가능한 교실 현장을 때로는 어찌할 수가 없는 것이리. 그러나 김흥규가 누구인가.

"마술을 배웠어요. 마술사가 된 제자에게 각종 마술 도구들을 얻어 와 연습을 했지요. 수업 시작 전 아이들의 시선을 집중시키기 위해서지요."

그런가 하면 아이들이 수학 공부에 흥미를 느끼게 하기 위한 작업은 교실 밖에서도 부단히 시도된다.

"학교 축제 때 제가 맡고 있는 '수학사랑반' 11명의 아이들과 함께 〈수학체험전〉을 열었습니다. 발상의 전환을 요구하는 수학 퀴즈 풀기, 정사면체를 종이로 접어 보기, 타원의 원리를 익히는 당구 게임 하기, 기하학적 아름다움을 접할 수 있는 피라미드 만들기 등에 적지 않은 아이들이 참여했지요."

1999년에 시작된 〈수학체험전〉은 올해로 10년째. 또한 그는 2002년 '수학과 함께 학생, 교사, 학부모 모두가 즐거워지는' 〈파이데이(π-day)〉란 걸 만드는 데 앞장선다. 파이$^\pi$는 물론 3.14, 원주율을 말한다.

"그해부터 우리 학교는 3월 14일은 화이트데이가 아니라 파이데이가 되었죠. 수학을 주제로 한 문화 행사의 날 말입니다. 다들 초코파이(π)를 사 와서 나누어 먹으며 수학에 대한 이야기꽃을 피우는 거지요. 행사가 자리를 잡으니까 학교서도 예산 지원을 해 줬고 라디오 시사 프로그램에도 소개되었지요."

4

흔히들 수학은 딱딱한 학문이고 수업 중에 '인간 교육'의 매개가 되기는 힘든 과목이라 한다. '국어'가 아이들과 더불어 시를 읽으며 사랑이나 슬픔의 경험, 혹은 상상력의 소중함을 이야기하고 '사회'가 민주주의의 가치나 여타 현실 문제를 수업화 할 수 있는 데 반해 수학은 도무지 그럴 여지가 없다는 것이다. 그러나 김홍규는 아니다. 적어도 그럴 수는 없다고 생각한다. 그의 수학 수업은 '인간'을 향해 있다. '예수가 최고의 스승'이라는 그에게 수학은 철학이기 때문이다. 그는 무한의 세계를 수학의 언어로 표현코자 했다는 독일의 수학자 칸토어Georg Cantor를 내게 소개했다.

"그는 말했어요. '수학의 본질은 자유에 있다'고요. 그것은 진리(수학)는 관습에 방해를 받지 않아야 한다는 말이었습니다."

수학은 무한, 자유, 진리에 대한 사유의 문을 열어 주는 열쇠라는 것. 그것을 그는 아이들에게 전하고자 하는 것이다.

그에게 물었다. "요즘은 무슨 생각을 하고 사십니까?" 맹물 같은 질문이었지만 그의 대답은 오히려 컬러풀하게 마구 쏟아져 나왔다.

"이젠 계급장을 뗄 나이가 된 것 같습니다. 나는 나이 들어 가고 아이들은 젊은 교사를 좋아하는데 케케묵은 권위 같은 거, 그러니까 계급장을 붙이고 있어서는 안 된다는 거죠. 교원연수원이나 영재원 강의 같은 것도 그만두고 (그건 후배 교사들에게 넘겨 주고 나는) 아이들과의 소통을 위해 더욱 노력해야 한다고 생각합니다. 최근 내겐 롤 모델이 되어 주고 있는 선배 선생님이 계시는데 그분은 알아듣기 힘든 요즘 아이돌 노래를 맨날 들어요. 수업 잘 안 듣는 녀석을 일으켜 세워선 그런 노래 시디를 선물도 하고요. 그러면 아이들은 놀란다지요. 선생님도 이런 노래 아세요? 하고 말이죠……. 교사는 학자이자 배우입니다. 시선을 못 끄는 배우는 배우가 아니고 끊임없이 공부하지 않는 학자는 학자가 아니죠. 우스개 하나 할까요? 세대별 교사의 차이점. 20대 교사. 정신없이 바쁘다. 무얼 가르쳐야 하는지를 잘 몰라서. 30대. 핵심만 가르친다. 40대. 시험에 나오는 것만 가르친다. 50대. 기억나는 것만 가르친다……. 어쨌든 명심해야 할 것은 60대에도 공부를 해야 한다는 것이겠지요. 저는 그럴 것입니다. 새해부턴 영어 공부를 더 할 작정이지요."

왜? 까닭이 있다. 2012년은 세계수학교육자(교사)대회가, 2014년엔 세계수학자대회가 한국에서 열린다고 했다. 그런데 그것이 김홍규와 무슨 상관?

"그런 대회에서 '우리 수학'을 알리고 싶습니다. 한번은 뉴질랜드 수학 교사를 만난 적이 있는데 그에게 17세기 조선의 천재 수학자 최석정이 창안한 마방진魔方陣에 대해 얘기했더니 놀라더군요."

최석정은 누구인가? 나는, 무지하게도, 처음 듣는 이름이었다. 조선의 수학자란 말도 처음 들었다. 그리고 마방진은 또 무언가? 마방진이란 마법진魔法陣이라고도 하며 영어로는 'magic square'라고 한다는 것, 마방진을 설명한 최초의 책은 13세기 중국 송나라 때 나왔는데 여기엔 3방진부터 8방진까지 언급되어 있다는 것, 최석정(1646~1715)은 구수략九數

略이란 책에서 3×3마방진(정사각형 모양으로 배열된 1부터 9까지의 수가 한 번만 사용됨)부터 10×10마방진(정사각형 모양으로 배열된 1부터 100까지의 수가 한 번만 사용됨)까지 다루고 있다는 것, 특히 9×9마방진의 경우 작은 3×3마방진 9개로 분할할 수 있다는 것 등은 나중에야 알게 되었지만, 어쨌든 그날 그가 최석정의 마방진에 대해 던진 한마디는 내겐 신선했다.

"그것의 사상적 측면은 도道라고 할 수 있습니다."

도道……! 수학 선생 김홍규는 구도자이고자 하는 것일까? 하긴 그는 진작 자유와 진리를 말한 바 있었다. 나는 그가 말하는 도가 무엇인지 묻지는 않았다. 다만 구도자적 영혼을 간직한 교사는 아름답다는 것, 그는 기능적 앵무새 교사로 전락하지는 않는다는 것을 생각했다.

"최석정을 주인공으로 한 소설을 구상하고 있습니다. 강원도의 동강 지킴이 할아버지가 거북 바위의 비밀을 얘기하는 데서 시작할 겁니다. 동강을 오가며 자료들을 상당한 정도 모았지요……."

눈 덮인 홍대 앞 거리론 벌써부터 어둠은 내려 있는데 그의 얘기는 이렇듯 끝이 없었다…….

5

그와 헤어져 가까운 지하철역을 향하는 눈길을 걸으면서 나는 문득 철학자 칸트를 떠올렸다. 중학 시절, 칸트는 철학 그 자체여서 머리를 두드리면 '칸트칸트' 하고 소리를 낸다고 내게 말해 준 사람은 누구였던가? 생각건대 김흥규를 두드리면 '수학수학수학' 하는 소리가 날 것도 같았다. 그리고 칸트는 말했다지. 내 머리 위에는 별이 총총한 하늘이 있고 내 가슴속에는 도덕 법칙이 있다고. 그렇다면 김흥규는? 이렇게 내가 대신 말해 보면 어떨까?

'내 머리 위에는 수학이라는 별이 밤하늘에 총총하고 내 가슴속에는 수학을 사랑하는(사랑했으면 하는) 아이들이 별처럼 빛난다-고.'

왜냐하면 수학을 '우주와 자연의 비밀을 푸는 열쇠'로 여기며 '다들 점수에 미쳐 있는 이 세상' 속에서도 '꿈과 그리움이 묻어날 수 있는 수학 시간'을 그는 늘 꿈꾸어 왔으며, 그 꿈을 오늘도 곧잘 성취해 내고 있기에…….

2010년 1월

김홍규의 그 후 이야기

지금 길은 눈으로 덮여 온통 하얗습니다. 간밤에 내린 눈으로 미추를 막론하고 만물이 하얗습니다. 교육의 효과도 일시적으로 이런 현상을 만드는 것은 아닐까 하는 생각에 자신을 돌아보게 됩니다.

벌써 23년이나 지났군요. 수학 교사로서 화가가 그림을 그리듯 도형을 그리고 시인이 시를 쓰듯 수식을 써 온 지도(시의 언어가 함축적이듯 수식 역시 함축적입니다). 그러나 이런저런 일로 지친 이 겨울에 주변의 나무들을 바라볼 때면 다시 깨닫습니다. 잔가지들이 저토록 무성하기까지 얼마나 많은 뇌우풍상雷雨風霜의 세월을 견디었을까? 좌우로 균형을 이룬 잔가지가 무성한 나무 앞에 두 손을 모아 고개를 숙이게 됩니다. 나도 저 나무처럼 한 곳에서 자리를 지키며 많은 그늘과 잔가지를 만들었을까?

지난 2009년 선생님을 처음 뵙고 돌아오는 길에 깨달은 것이 있습니다.

다른 이의 말이 내 머리에 남아 내 생각에 씨를 뿌리고,
지금 내 마음의 상태가 내 생각에 나무를 자라게 한다고.

인人 + 언言 = 신信

금今 + 심心 = 념念

선생님을 만난 날 이후 제게 작으면서도 뜻깊은 변화가 생겼습니다. 교사의 작은 노력으로 아이들의 마음에 믿음과 소망의 씨앗을 뿌릴 수 있다는 생각이 더 선명해졌습니다. 그래서 이런저런 노력을 기울였지요. 먼저 학교 밖의 또 다른 시도를 하였습니다.

"수학은 혼자 할 수 있지만 수학교육은 함께해야만 가능하다"는 믿음으로 '생각하는 수학 수업 연구팀'의 '팀장'을 맡았습니다. 다른 선생님들과 세미나를 하고, 수학실험과 관련한 글을 《수학동아》란 잡지에 연재하기도 하고, 과천과학관에서 열린 수학문화축전에서 강연을 하기도 했지요. 학생들이 실생활 속에서 수학을 접했을 때, 부모나 교사는 학생들이 자신만의 것으로 발전시키도록 도움을 주어야 한다고 강조하기도 했지요.

학교 내에서는 특별활동 외에 별도로 '융합적 수리과학연구반'이란 동아리를 만들었습니다. 아이들에게 탐구와 연구를 유도했던 거지요. 학생 전원이 나름의 생각을 발표하고 교사도 나름의 생각을 발표하며 당혹스런 질문과 대답이 이어지는 가운데 가르치고 배우는 과정이 자연스럽게 이루어졌지요. 발표 마지막 날까지 함께한 아이들만 진짜 수리과학반 팀원이란 저의 압력(?)에 스물한 명의 아이들 전원이 함께하였지요.(!)

선생님을 만난 지 벌써 2년여의 세월이 흘렀군요. 그 사이 머리숱이

줄고 흰머리가 늘었습니다. 지금 학교는 변화하는 입시 속에서 점수와 등급에 대한 경쟁으로 어려움을 겪고 있습니다. 학생과 학생, 교사와 학생 간의 바람직한 소통(여기서 소통은 죽부인처럼 구멍이 있어 엉성하지만 뼈대가 튼튼하여 바람이 잘 통할 정도를 말합니다)을 위해 교사들이 협력하는 교육 공동체 활동이 필요합니다. 이것을 위해 누구와 무엇을 어떻게 언제 어디서 왜 하려는지 생각해 봅니다.

이런 와중에 최근《삶을 바꾼 만남》이란 책을 읽었지요. 조선 후기 학자 겸 문신인 다산 정약용의 제자 황상의 이야기가 눈에 들어왔습니다. 정약용은 신유박해辛酉迫害 와중에 멀리 전남 강진으로 유배를 왔던 터라 당시 머물던 동문 밖 주막집에 작은 서당을 열었습니다. 1802년 그곳에서 시골 아전의 아들이던 열다섯 소년 황상을 만납니다. 둔하고 답답할 정도로 잘 깨우치지 못하던 황상에게 정약용은 '부지런하고 부지런하고 부지런하라'는 말과 더불어 글로 자신이 황상에게 말한 것을 종이에 써 줍니다. 황상은 정약용의 가르침을 '삼근계三勤戒'라 칭하고 마음에 새기며 평생 공부에 매진했다 합니다. 이 이야기에서 작은 희망을 봅니다. 군자삼락君子三樂 중 하나라던 '득천하영재이교육지得天下英才而敎育之'를 기대하며 한탄하기보다 가르치고 배우는 과정에서 생기는 사제의 정을 소망하게 됩니다.

2012년을 준비해 봅니다.
먼저 스스로 다섯 가지 계를 설정합니다.

격물格物, 치지致知, 성의誠意, 정심正心, 신독愼獨

다음으로 내년에 아이들과 함께 만들어 가는 수학 수업을 위해 이런 저런 준비를 합니다. 아이들이 스스로 가르치고 연구할 수 있는 수업 모델을 연구합니다. 개념과 문제 풀이로 일관하는 다른 선생님들과 함께 학교 내에서 교사들의 작은 공동체를 꿈꾸어 봅니다. 수학교육은 함께 해야 더욱 발전하니까요.

마지막으로, 내년에 만날 아이들에 대한 다음과 같은 상상에 가슴이 뜁니다.

희망으로 미소를 머금은 아이
즐거움으로 환한 아이
변화를 꿈꾸는 아이
우주 전체의 모습을 담고 사는 아이
……

겨울의 한 끝에서 새로운 시작을 꿈꾸며
2011년 12월
서울에서 희동喜童 김홍규

한 전문계고 교사의 사는 법

임동헌
광주전자공고 (현 전남공고)

1

교사는 어떻게 마침내 교사가 되는가?

10월의 푸른 어둠을 뚫고 달리는 광주발 부산행 심야 고속버스 안에서 나는 내게, 새삼, 이렇게 묻고 있었다. 서른다섯 살의 교사 임동헌을 만나고 돌아오는 길이었다. '왜 선생이 되었는가'라는 내 진부한 질문에 그는 단박 대답했다. '생계형 교사'로 시작했다고. 애초 선생 할 생각이 없었다고. 그의 꿈은 다른 데 있었다고. 전남 목포가 고향. 어릴 적부터 바다를 바라보면 마음이 평화로웠고 배를 타는 것이 꿈이었다. 여수수산대 전자통신학과에 갓 입학했을 때는 해군 장교가 되어 '우리 영해'를 지키고 싶었고 그 꿈이 가족사와 관련된 연좌제 때문에 무산되고 나서는 선원이 되어 오대양 육대주를 누비고 싶었다. 그러나 결국에는 선생이 되었다. 대학을 졸업하고 나니 먹고사는 일이 발등의 불이었는데 정말 운 좋게도 선생씩이나 된 것이다. 전자통신학을 공부하면서 혹시나 해서 이수해 둔 교직 과목이 아니었다면 그 운도 잡지 못했겠지만. 다시 말해 그는 '별생각 없이' 선생이 된 것이다. 그러나 교직에 발을 들여놓기가 무섭게 그는 선생이 무엇인가를, 무엇이어야 하는가를 깨닫는다. 교단에 발을 올려놓았다고 절로 선생이 되는 건 아니라는 것을, 대체 선생이란 무엇인가 하고 묻는 순간 놀랍게도 어떤 문제가 발생하고 만다는 사실도 함께 말이다.

임동헌은 나이 스물넷(1997년)에 첫 교단에 잠깐 섰다가 군에 입대,

스물일곱(2000년)에 제대해 한 공고에서 본격적인 선생 노릇을 시작하게 된다. 이때 그는 이해할 수 없는 사태 하나에 직면한다. 그 학교엔 야간에 운영되는 산업체 특별 학급이 있었다. 무엇이 '특별'한 특별 학급이었던가? 지역 신문사에서 돈도 벌고 공부도 할 수 있다고 선전해 가난한 시골 아이들을 광주로 데려왔다고 했다. 신문 장사를 위해서였다. 그러나 월 20만 원은 받아야 하는 아이들의 신문 배달 노동에 대해 신문사는 겨우 3만 원을 지급했을 뿐 아니라 약속한 특별 수당은커녕 독자 수를 늘리지 못하면 지국장은 아이들을 때리기도 했다. 신문 배달을 못 하겠다는 아이들에겐 '그럼 학교를 못 다니게 하겠다'는 협박도 했다. 아이들은 새로 온 젊은 '선생님' 임동헌에게 억울함을 호소했고 그건, 놀라운 일이었다. 그런데 그보다 그를 더 놀라게 한 일은 교장을 만나고 노동청과 신문사도 찾아가고 교육청에 항의 방문도 하는 과정에서 일어났다. 그것은 이미 다들 알고 있는 오랜 관행이란 사실을 알게 된 것이다. 교육청과 학교가 묵인 내지 공조한 신문사의 청소년 노동 착취이자 비열한 인권침해……! 도저히 묵과할 수 없는 일이었다. 왜냐하면, 임동헌은, 교사였다. 그 부모가 가난하고 힘이 없기에 불의한 현실에 방치되어 온 아이들에겐 하늘처럼 높기만 한 '선생님'이었던 것이다. 그는 즉각 행동에 나선다. 그런데 그런 관행이란 바른말 몇 마디에 금방 깨어지진 않는 법. 교장도 교육청도 신문사도 하나같이 철벽이었다. 세상 물정 모르고 철없이 덤비는 젊은 것의 소영웅주의……! 그랬을 것이다. 그러나, 아니 그래서, 그는 물러서지 않는다.

"'끈질긴 놈이 이긴다'는 게 제 소신 중 하나죠."

철벽은 철벽대로 내버려 두고서 그는 광주·전남·전북의 중학교 홈페이지에 자신의 학교 특별 학급의 이면을 폭로하는 글을 올린다. 일선의 중학교 교사들의 관심을 직접 촉구한 것이다. 일일이 전화도 했다. 이런 학교에 아이들을 보내면 안 된다고. 결국, 그해부터 지원 학생 수가 급감하게 된 그 학교는 3년 후엔 특별 학급의 문을 닫게 된다. 소신대로 끈질기게 싸운 결과였다.

"그 사건 덕분에 선생이 되는 공부를 톡톡히 했지요. 그때 비로소 선생이 된 거지요."

2

임동헌이 그렇게 해서 '비로소 선생'이 되었다는 것은 3년여 만에 그무슨 완벽한 교사가 되었다는 말이 아니다. 그 자신의 '커밍아웃'에 따르면 그는 한때 '폭력 교사'였다. 말썽부리는 녀석에게 '너 학생부 갈래, 임동헌 선생님에게 갈래'라고 물으면 모두 학생부를 택할 정도였다 했다. '절대봉'이란 이름의 몽둥이로 세 대만 갈기면 죄다 나가자빠졌기 때문에 그 이상을 때릴 필요가 없었다고도 했다.

"학생들에게 카리스마를 보여 주기 위해 항상 짧은 머리에 검은 양복을 입고 다녔죠. 이른바 '문제반' 담임은 제 몫이었습니다. 제가 맡으면 단 한 놈도 지각·결석을 하지 않았지요. 선배 선생님들은 나를 대견하게 여겼고 저도 제가 잘하는 줄로만 생각했답니다."

그러던 어느 해 어느 날이었다. 졸업한 지 4년이 된 제자 하나가 찾아왔다. 주위 동료 교사 몇은 "역시 맞고 자란 녀석들이 은사를 찾아온다"며 한마디씩 거들었다. 그런데 그 졸업생이 단단히 마음먹은 듯 던진 한마디. "선생님, 아직도 애들을 무자비하게 때리세요?" 순간 임동헌은 머릿속이 하얘지고 온몸이 굳어 버렸다고 했다. 긴 침묵 끝에, "미안하다⋯⋯." 정신없이 차를 몰고 집으로 돌아온 그는 술부터 찾으며 한없이 울었다⋯⋯.

그런 일이 있은 다음 해 초 담임 임동헌은 '세상을 향해 한걸음'이라는 제목의 반 소식지 첫 호를 통해 학생들에게 다섯 가지 약속을 한다.

① 체벌을 하지 않는다. ② 폭언을 하지 않는다. ③ 준비된 수업을 한다. ④ 학생들과 평등한 관계를 맺는다. ⑤ 학생들의 인권을 옹호한다.

임동헌이 누군지 아는 아이들은 '뭐야? 갑자기 대체 왜 저러지?' 하고 웅성대며 의심쩍어했다지만 속으로는 가슴을 쓸어내리며 안도했을 터다. 제발 작심삼일로 끝나지 않기를 앙망하면서 말이다. 그런데 애들은 그렇다 치고, 그런 약속과 함께 정작 문제적 과제에 봉착한 것은 임동헌이었다. ①번부터 ④번까지야 혼자만의 노력으로 가능한 것들이었지만 ⑤번의 학생인권 문제는 간단치가 않았다. 우선 학생인권 침해와 가장 밀접한 관계가 있는, 각종의 금지 조항만 잔뜩 있는 학생생활규정이 문제였다. 그것부터 고쳐야 했다. 그러기 위해서는 교사, 학생, 학부모 대토론회를 마련해야 했고, 자치 경험이 전혀 없고 학급회의에 냉소적인 학생들의 무관심과 패배주의도 불식시켜야 했다.

"교장 선생님도 설득했죠. 전문계고에선 일상화된 무더기 지각과 결석, 자욱한 담배 연기, 널린 쓰레기 등은 교사들이 감시하고 처벌한다고 해결되지 않는다는 걸 교장 선생님도 인정하시더군요. 학생들이 학교의 한 주체로 설 수 있도록 학생회의 권리를 인정하고 북돋워 줌으로써 동시에 책임감과 자발성을 가질 수 있게 하는 방향으로 가야 한다고 말씀드렸지요."

결국, 학생생활규정은 일부나마 개정된다. '학생인권 옹호'라는 약속을 지키기 위해 임동헌이 분투한 결실이었다. 그런데 임동헌은 전문계고 교사였다. 그는 알고 있었다. '인권은 교문 앞에서 멈춘다'고 했을 때 그것은 '학교 안' 학생인권의 문제를 지적한 말이라는 것, 어디까지나 일반계고 학생들 얘기라는 것, 전문계고 학생들은 학교 안뿐 아니라 학교 밖에서도 그 인권이 문제가 된다는 것을 말이다. 요컨대 전문계고 학생들은 학교 밖에서 노동을 해야 하는 존재이며 그렇기에 '노동인권'이 문제되는 존재였던 것이다.

3

"청소년 노동이야말로 노동인권의 사각지대입니다."

임동헌은 이렇게 말했다. 그러나 그가 처음부터 노동인권에 관심을 가진 건 아니었다. 처음 교단에 섰을 때뿐 아니라 군 제대 후 복귀한 공업고에서도 노동인권이란 그저 생소한 말일 뿐이었다.

"전문계고엔 학생들의 현장 실습과 취업을 담당하는 취업 보도실이 있는데 그 업무를 2년간 맡았어요. 아이들을 여기저기 취업 보내면서 제가 해 준 얘기는 '회사에 가면 사장님이나 선배들 말 잘 듣고 열심히 돈 벌어서 잘살아 보자'였습니다. 근데 녀석들이 하나같이 일이 너무 힘들다며 속속 학교로 복귀하는 거예요. 뭐가 문제가 있구나, 싶기는 했지만 '그 정도도 못 버텨서 앞으로 무슨 일을 할 수 있겠어?' 하는 식으로 대강 위로하고 격려하는 식이었지요."

그러던 어느 날 그는 그를 결정적으로 변화시킨 작은 사건 하나를 경험하게 된다.

전북 남원의 국내 자동차 회사 협력 업체에 파견을 보낸 한 아이가 간 지 얼마 되지 않아 힘이 들어 도저히 일을 못 하겠다고 그에게 전화를 했다. 늘 듣는 하소연이었고 그도 늘 하던 대로 '참고 일해라' 하고 말았을 수도 있었다. 그러나 며칠 후 임동헌은 회사를 직접 방문한다.

"공장 안에 들어서니 저 한쪽 구석에서 일하고 있는 아이의 모습이 보이더군요. 플라스마 용접을 하고 있다는데 매연 때문에 접근하기 어려워서 안내인에게 제게로 잠깐 불러달라고 했죠. 녀석이 광부처럼 방진 마스크를 쓰고 있는데 그 부분만 빼고는 전부 까만 먼지로 뒤덮여 있더군요. 녀석을 볕이 드는 쪽으로 데리고 가 얘기를 나누는데 갑자기 가래를 뱉으면서 하는 말이 가래에 쇳가루가 섞여 나온다는 거예요. 그래서 보니 정말 뱉은 가래에는 햇빛에 반짝이는 쇳가루가 보였습니다. 녀석은 그러고도 몇 차례나 더 그런 가래를 뱉었지요……. 숙소는 사무실 건물 옥상의 컨테이너라고 해서 올라가 봤더니 그 안은 열기로 숨이 턱턱 막히더군요. 여름이었죠."

아이는 일감이 밀리면 자고 있는데도 깨워서 일을 시키지만 임금은 최저임금밖엔 지급하지 않는다고도 호소했다. 임동헌은 사장을 만나 따졌다. 노동 환경도 그렇고 돈도 그렇고 이건 너무 심하지 않으냐고. 하지만 돌아오는 대답은 법적으로 하자가 없다, 중소기업 실정이 다 그렇다는 것뿐이었다.

"짐을 싸라 해서 아이를 데리고 광주로 돌아오는 동안 전 아이에게 아무 말도 할 수 없었습니다. 그땐 그 열악하기 그지없는 환경의 공장으로부터 아이를 빼 오는 것밖엔 걔를 위해 할 수 있는 건 아무것도 없었습니다. 무얼 어떻게 해야 하는지를 몰랐던 거지요."

그랬다. 그때 임동헌은 그랬다. 독일에서는 초등학교 정규 수업에서부터 노사관계를 가르치고 모의 노사교섭 특별 활동 시간이 있다는 것, 프랑스의 고등학생들은 1학년 과정에서 '단체교섭의 전략과 전술'에 대해 상당 시간을 학습하고 토론한다는 것도 그는 몰랐고, 이에 반해 우리나라 학교는 노동 현장으로 갈 학생들에게 직장 예절, 전화 받기, 인사법 따위만 가르칠 뿐 노동의 가치나 노동자의 법적 권리에 대해 어떤 교육도 하지 않는다는 사실에 대해서도 곰곰 의문을 품어 본 적이 없었

던 것이다.

3

1996년《우리교육》은〈벼랑 끝에 선 실업계〉라는 특집 기사를 실었다. 왜 '벼랑 끝'인가? 기사에 따르면 실업계고 아이들은 '일상적인 무기력'과 '분노와 좌절'의 울타리 안에 갇혀 있으며 그 까닭을 너무나 잘 아는 교사들은 실업계고는 '차라리 없어졌으면 좋겠다'고 말한다는 것이다. 그로부터 10년이 더 지난 2007년 (그 사이 실업계고는 전문계고로 이름이 바뀌었다) 다시금〈전문계고가 선 자리〉라는 특집을 마련한《우리교육》의 한 기자는 '전문계 교사 좌담회' 취재 후기에 이렇게 썼다.

참가자들은 지금 전문계고 학생들에게 필요한 것은 '희망'이라는 말을 했다. 학생들뿐이겠는가. 전문계고 교사들도 '희망'이라는 두 글자가 절실히 필요한 것 같다.

이 말은 역설적이다. 희망은 곧 절망을 말한다. 전문계고 학생들의 절망, 전문계고 교사들의 절망 말이다. 무엇이 문제인가?

전문계고의 문제는 크게 두 갈래로 논의된다. 하나는 학교교육의 비정상적 운영이고 다른 하나는 졸업생의 취업난이다. 전자는 문제투성이의 현장 실습 제도와 전적으로 관련이 있고 후자는 대학 졸업생이 넘쳐나는 세상에서 전문계고 졸업생은 도무지 쓸모없는 인력이 되고 말았다는 것과 관련이 있다. 전교조 실업교육위원회 소속 교사들은 바로 이 두 가지 문제에 대한 정부와 국회의 관심을 끈질기게 촉구했고 그 투쟁의 성과물로 나온 것이 참여정부 시절 교육인적자원부가 내놓은 '현장 실습 운영 정상화 방안'(2006.5.4)이다. 그러나 그것 역시 고질적으로 얽혀 있는 전문계고 문제를 풀어내는 데는 역부족이었다. 우선 학생들이 학교 수업을 다 받지 못한 상태에서 현장 실습을 나가는 폐단을 막는다는 취지에서 3학년 2학기 수업의 2/3 이상은 받고 나가도록 하라는 '정상화 방안'의 강제는 적지 않은 교사와 학생들로부터 '이상적이지만 문제가 많다'는 비판과 불만에 직면했다. 전문계고 학생들의 상당수가 부모의 생활고나 학비 조달을 이유로 일찍 현장 실습을 나가고 싶어 하는 현실 때문이었다. 이 같은 문제는 정상화 방안이 나오고 7개월 후에 전교조 실업위원회와 민주노동당 최순영 의원 공동 주최로 열린 정책 토론회(2006.12.21)의 발표문(김기헌 한국청소년개발원 부연구원, '실업고 현장 실습 실태 및 내실화 방안')에서도 여실히 드러났다.

> 홀어머니 모시고 사는 학생이 있는데 생활이 곤란해서 현장 실습 나가기만을 손꼽아 기다리고 있었는데 이번 조치(정상화 방안)로 못 나가게 돼서 경제적으로 큰 어려움을 겪고 있습니다.
>
> 김○○, D고교 교사

정상화 방안의 가장 핵심적 조항이라 할 '아르바이트형 실습과 불법 파견 형식의 실습 금지, 졸업 시 취업 전제 현장 파견'이라는 조치도 교육적 차원에서는 당연하고도 바람직한 것이었지만 전문계고생의 경제적 현실, 기업과 학교의 오랜 관행이라는 벽에 부딪힌다.

"저는 학교에서 산업체 파견 현장 실습을 나간 것으로 되어 있습니다. 그러나 실제로 위장 실습을 나온 상태입니다. ○○동에 있는 가죽 공장인데 친구 부모님이 하시는 곳이고 위장 실습을 나온 것이기 때문에 일을 하고 있지는 않습니다. 본인과 같이 위장 실습을 나와 아르바이트를 하는 학생을 여러 명 보았습니다."

박○○, P고교생

임동헌은 또한 이렇게도 말했다.

"요즈음은 교실 뒷벽 이곳저곳에 나붙던 '채용 공고' 마저 아예 없습니다. 졸업생 중 단 열 명이라도 대기업 정규직으로 채용된다면 아이들은 희망 섞인 꿈도 꾸며 눈을 반짝이겠지만. 그러나 갈수록 단 한 명도 안 뽑습니다. 기능직도 자리가 없어요. 대기업은 다 자동화 시스템으로 바뀌었기 때문에 숙련된 노동자가 필요 없는 겁니다. 중소기업체에 들어가선 다들 금방 나오더라고요. 숨 막히는 작업 환경에 저임금에, 배겨 낼 재간이 없는 거지요. 중소기업이 인력난에 허덕이는 건 요새 젊은이들이 쉬운 일자리만 찾기 때문이라는 식으로 언론이 떠들어 댈 때는 정말 화가 납니다. 우리 아이들은 도무지 갈 곳이 없는데 말이죠."

4

그러니 어쩌란 말인가……?

북적대는 시장통 횟집에서 소주잔을 주거니 받거니 하는 동안 우리는 우리가 만난 날이 공교롭게도 12월 12일이란 사실을 떠올렸다. 1980년 전두환 신군부의 폭력적 등장을 알린 12.12사태의 날. 그리고 몇 주기라 했던가? 살아 있는 전태일이라 불린 조영래 변호사가 1990년 마흔세 살 아까운 나이로 타계한 날도 바로 12월 12일이었던 것이다.

"실습이든 졸업 후든 노동 현장으로 간 아이들이 힘들어하는 모습을 볼 때면 평화시장 앞 거리에서 '근로기준법을 준수하라, 우리는 기계가 아니다, 내 죽음을 헛되이 하지 마라!' 절규하며 분신한 전태일 열사를 생각하곤 합니다."

결국, 임동헌에게 전문계고 학생들의 근본 문제는 노동의 문제였고, 이 땅의 노동 현실의 문제였고, 노동자의 인간다운 삶, 노동인권의 문제였다. 그러므로 전문계고 교사인 그로선 선택의 여지가 없었다고 해야 할지도 모르겠다. 광주전자공고 교사 임동헌은 현재 광주청소년노동인권네트워크 집행위원장인 것이다. 주경야독에 빗대면 낮엔 교사, 밤엔 집행위원장이다. 투 잡? 글쎄? '청소년 노동인권'에 방점을 찍고 보면 낮과 밤은 따로 떨어져 있는 게 아니다. 임동헌이 낮에 학교 안에서 만나는 전문계고 아이들은 밤이면, 그러니까 학교 밖을 나서면, 노동 현장으로 가니까 말이다.

"광주청소년노동인권네트워크는 광주의 18개 단체가 망라되어 있고 10명 정도의 집행위원이 활동하는 네트워크입니다."

그 면면들은 보면, 광주YMCA, 광주여성노동자회, 광주비정규직센터, 광주청소년회복센터(심리 상담), 광주이주노동자센터, 전교조 광주지부, 참교육을위한학부모회 광주지부, 청소년인권행동 아수나로 등.

"올 10월 30일 네트워크 창립식 때 교육감님은 참석했는데 노동청장은 약속을 어기고 오지 않았어요. 실무자 한 사람만 달랑 보냈지요. 노동청엔 청소년 노동 실무자가 없더군요. 여하튼 그 자리에서 교육청은 노동인권 교육을 강구하고, 노동청은 근로 감독을 철저히 하고, 네트워크는 실무를 맡기로 했지요."

그래서, 임동헌을 비롯한 실무자들-집행위원들은 오는 12월 29일 금남로와 충장로에서 청소년 노동인권 거리 캠페인을 벌이기로 했단다. '근로계약서 작성해요! 하루만 근무해도 임금 받을 수 있어요!' 같은 문구를 넣은 명함도 돌리면서……. 그들은 또한 청소년들이 네트워크 상담실로 호소해 온 노동인권 침해 사례들(400여 건이 모였다고 했다)을 노동청 홈페이지에 진정하는 투쟁도 지속적으로 벌여 나갈 계획이다.

"네트워크 모임에는 전문계 고교생들이 많이 참여하는데 근로기준법을 공부하거나 〈빵과 장미〉 같은 영화도 보고 토론도 하고 함께 삼겹살도 구워 먹으며 신 나게 놉니다. 허물없이 같이 어울려 노는 것만큼 중요하고 좋은 게 있을까요? 우리가 잘 논다는 소문이 퍼지니까 전문계고 젊은 선생들이 제게 찾아와 '형, 나도 같이 좀 놀게 해 줘', 그래요."

5

오늘도 임동헌은 노동하는 아이들, 노동자가 될 아이들을 만나고 그 목소리를 듣는다.

"거기 가면 월급 얼마 줘요?"
"무슨 일을 하나요?"
"아침 7시부터 밤 8시까지 일을 하니 미치겠어요. 차라리 알바가 나아요. 알바는 시급 4,000원인데 여기는 3,600원밖에 안 해요."
"(중소기업) 공장에서 일하는데 4개월 된 제가 최고 고참이에요."
"선생님, 회사 옮기고 싶은데요."
"저, 회사 그만둘래요."
"그래도 학교가 천국이네요."
"그냥 군대 갔다 와서 아르바이트해서 전문대라도 갈래요."

임동헌은 마음이 아픈 것이다.《우리교육》에 실렸던 그의 일기 한 토막을 보라.

우리 반 상혁이가 현장 실습을 떠난 지 한 달 만에 돌아왔다. 힘들어도 조금만 더 참고 버텨 주기를 바랐는데 결국 돌아왔다. 두 번이나 회사에 가서 관계자와 만나 상혁이의 어려움을 이야기하고 (회사 측으로부터) 개선하겠다는 약속도 받았지만 이미 마음이 떠난 상혁이는 퇴사를 결정하고 말았다. 상혁이를 탓할 생각은 조금도 없다. 다른 친구들은 대학에 진학한다고 들떠 있을 시간에 공장에서 쉴 새 없이 돌아가는 기계를 움직이는 일이 낯설고 힘들었을 것이다. 서툰 손놀림을 기다려 주기보다는 채근과 호통으로 대하는 직장 선배들이 원망스럽기도 하고 당황스럽기도 했을 것이다. 게다가 요즘 물량이 밀려서 점심시간도 20분밖에 주어지지 않았다고 한다. 취업하기 전 배웠던 근로기준법을 생각하니 분명히 잘못된 것이어서 용기를 내어 항의를 해 보았지만 점심시간에 쉬면 휴일에 나와서 물량을 맞추어야 한다며 오히려 으름장을 놓았단다. 혼란스러웠을 것이다. 차라리 근로기준법을 가르치지 말 것을…….

왜냐하면 모종의 질문을 던지고 진실을 알고자 하는 자는 수난당할 것을 각오해야 하기에……! 그걸 모르는 사람이 있을까? 시인 베르톨트 브레히트는 한 노동자를 시적 화자로 내세운 시에서 다음과 같은 '의문'을 제기한 바 있다.

성문이 일곱 개나 되는 테베를 누가 건설했던가?
책 속에는 왕들의 이름만 적혀 있다.
왕들이 바윗덩어리를 끌고 왔을까?
그리고 몇 차례나 파괴되었던 바빌론―
그때마다 누가 그 도시를 재건했던가? 황금빛 찬란한
리마에서 건축 노동자들은 어떤 집에 살았던가?

만리장성이 완공된 날 밤에 미장이들은
어디로 갔던가? 위대한 로마제국에는
개선문이 참으로 많기도 하다. 누가 그것들을 세웠던가?

― 〈어느 책 읽는 노동자의 의문〉 중에서

'의문'을 표시한 그 노동자의 삶은 행복했을까, 불행했을까? 이를 임동헌에게 묻진 않았다. 단지 나는 마지막으로 이렇게 물었다. 전문계고 교사로서, 한 인간으로서 꼭 이루고 싶은 것이 있다면 무엇입니까? 그는 머뭇대지 않고 이렇게 분명하게 말했다.

"청소년 노동인권 운동에 제 온 삶을 바치고 싶습니다. 그리고 아이들과 친구가 되고 싶습니다. 아주 친한 친구가 되고 싶습니다."

2009년 12월

임동헌의 그 후 이야기

    요즘 들어 부쩍 겨울바람이 차갑기만 합니다.
    언론 보도를 통해 아시겠지만, 지난 12월 17일 기아자동차 광주공장에서 현장 실습을 하던 고3 학생이 뇌출혈로 쓰러져 지금 의식불명, 뇌사 상태에 빠져 있습니다. 아, 열여덟 살 아이는 주야 맞교대에, 격주 주말 특근에, 잔업에 하루 평균 10시간, 한 달 평균 54시간의 노동을 해야 했답니다. 근로기준법은 15~18세 청소년의 노동은 하루 8시간, 주당 46시간을 넘지 못하게 규정하고 있는데 말입니다. 전문계고 학생의 현장 실습은 '노예노동'이라고들 합니다. 이 대명천지에 노예노동이라니……! 너무나 가슴이 아픕니다. 그 아이에게 정말정말 미안하고요. 할 말이 없습니다. 제가 참여하는 대책위원회는 눈코 뜰 새 없이 바쁜 나날을 보내고 있지만 참 무력함을 느낍니다. 연말이라고 잔뜩 들떠 있는 거리의 사람들을 보면 서로 딴 세상에 살고 있는 것 같기도 하고요. 한쪽에선 풍요로움이 넘쳐 나고 한쪽에선 그것으로부터 철저히 소외된 사람들이 있다는 생각에 답답합니다.

    전문계고 학생의 현장 실습은 1960년대 중반, 학교에서는 기자재가 없어 불가능한 실습을 기업(공장)에서 할 수 있도록 한 직업교육진흥법을 통해 처음 시행됐습니다. 가난했던 시절 어쩔 수 없는 방책이었지만 다른 한편으론 값싸고 말 잘 듣는 노동력(학생들)을 노동 현장으로 투입하기 위한 기업과 정부의 기획이기도 했습니다. 교육을 자본의 도구로 이용코자 한 것이지요. 그뿐 아닙니다. 당시엔 기계 계열 학교에서 학생들이 실습 시간에 군수품의 부품을 만들면 군에서 직접 거둬 가는 일도 많았다고 합니다. 전문계 교육이 자본의 도구이자 군의 도구이기도 했다고나 할까요. 그 후 많은 세월이 흘러 참여정부 초기인 2003년에 와서야 전교조 실업교육위원회와 시민단체가 함께 대정부 투쟁을 본격적으로 시작했고, 그 결과 2006년 실업계 교육의 일부 정상화와 최소한 노동 착취는 금지한다는 내용을 골자로 한 '실업계고 현장 실습 운영 정상화 방안'이 나왔지요. 그런데 이것조차 2008년 이명박 정부의 학교 자율화 조친가 뭔가 하는 것이 나오면서 유명무실해져 버렸습니다.

특히 올해 들면서 정부는 이른바 '전문계고 취업 기능 강화 사업'을 군사작전 식으로 추진(올해까지는 37%를 달성하고 내년까지 50%를 달성하라는 식)하면서 취업 실적이 떨어지는 학교는 불이익을 주겠다고 합니다. 이러니 전문계고는 살아남기 위해서라도 학생들의 취업 할당량 채우기에 급급한 처지가 되었고 자연스레 학교에선 학생들을 데리고 가겠다는 기업이 나타나기만 하면 노동 조건 따윈 따지지 않게 되었습니다. 결국 기업들은 기업 프랜들리 정권 덕에 값싸고 마음대로 부려 먹을 수 있는 노동력을 학교로부터 손쉽게 제공받을 수 있게 된 셈이지요. 오직 이윤만을 생각하는 기업들에 '어린 학생들의 교육적 권리인 현장 실습'을 존중해 주기를 바라는 것은 애초 무망하고 바보 같은 짓이었을까요?

장시간 노동에 저임금, 인권침해가 일상적으로 이루어지는 공장에 오늘도 가난한 아이들은 제 발로 걸어 들어가고 있으니까요. 너무 싫고 무섭지만, 너무 가난하기에! 10년 전과 별반 다를 바 없는 오늘의 현실! 전문계고 교사로 살아가는 것이 갈수록 쉽지가 않네요. 2012년 새해를 길거리에서 시작할 것 같습니다. 생각하면 슬프고 답답하고 심상치가 않습니다.

다른 얘기를 잠깐 하겠습니다.
올해는 광주시학생인권조례 제정을 위해 동분서주하며 보냈습니다. 광주시 학생인권조례 자문위원으로 조례 초안을 만드는 것부터 조례 제정 후 교육 규칙을 개정하는 것, 조례 안착을 위한 교사-학생 연수 자료 개발, 조례 제정과 관련된 공청회 및 토론회 개최, 시의회 의결을 위한 시의원 접촉 등 할 일이 태산이었습니다. 그래도 우여곡절 끝에 광주시 학생인권조례는 통과되었고 내년 2012년 1월 1일부터 발효가 되는군요. 그것 때문에 '교권'을 걱정하는 현장 선생님들이 스트레스를 받지는 않을까 걱정도 해 보지만 그렇다고 학생인권이라는 당연하고도 큰 흐름을 멈추거나 되돌릴 수는 없지 않겠습니까? 한 번도 가 보지 못한 길을 가는 것이 쉽지 않겠지만 꼭 가야 할 길이기에 다시금 용기를 내어 봅니다. 함께하는 선생님들이 제 곁에 계시니까요.

선생님! 2년 전 광주를 찾아오신 선생님과의 행복한 짧은 만남 후 제 스스로 적잖은 질문(교육과 사회와 아이들의 삶과 교사로서 제 삶에 관한)을 던지곤 했습니다. 그 질문에 대한 해답의 열쇠는 제가 스스로 찾아야 하는 것이기에 조급하지 않게 공부하고 실천토록 하겠습니다.

2011년 12월
광주에서 임동헌

3부

바람에 맞서거나, 바람이거나

그 별은 '교육 & 예술' 노동으로 빛난다 | 김인규

시인은 분투한다 | 조향미

'은꽃' 선생님의 '기적'의 나날들 | 홍은영

래디컬한 인문주의자가 된 까닭 | 이계삼

그 별은 '교육 & 예술' 노동으로 빛난다

김인규

충남애니메이션고 (현 충남디자인예술고)

1

"대법원이 무죄 판결을 내렸더라면 묵은 짐 확 벗어 던지고 선생 노릇에만 몰두할 수 있게 되었을 겁니다. 그런데 세상은 자꾸만 나를 내쳐 버리는 것 같군요."

나이 마흔넷의 미술 교사 김인규는 공주대 앞 한 지하 레스토랑에 자리를 잡자마자 내게 이렇게 말했다. 거두절미, 솔직한 심경 토로였다. 그는 안면중 근무 시절인 2001년 자신과 아내의 알몸 사진을 비롯한 일련의 작품을 홈페이지에 올렸고 검찰은 이를 문제 삼아 '청소년의 성보호에 관한 법률 위반' 혐의로 그를 기소했다. 1심과 2심에서는 무죄가 선고되었으나 검찰은 상고를 했고 지난 7월 22일 대법원은 원심 판결 중 공소사실 일부를 파기, 그것을 고등법원으로 돌려보냈다. '죄명'은 '전기통신기본법 위반'으로 바뀌었지만 '음란성' 여부를 잣대로 내린 판결은 한마디로 유죄였다. 이른바 '사건'이 있은 지 4년여 만에 그는 대법원 판결이라는 또 하나의 '사건'과 맞닥뜨리게 된 것이었다. 적지 않은 사람들은 대법관들의 문화적 양식을 의심·비난하고 그들의 권위 자체를 새삼 부정하면서 그를 옹호했다. 하지만 법의 강제가 발하는 위력은 직접 당해 보지 않은 사람은 잘 모른다. 자신의 예술 행위와 그 철학적 사유에 관한 한 불퇴전의 논리와 기백을 내장하고 있음이 분명한 그도 '유죄' 판결은 치명적으로 다가온 셈이었으니까. 그는 고등법원이 어떤 형량을 내리느냐에 따라 교단에서 쫓겨날 수도 있는 처지가 되고 만 것이다. 그는 궁지에 몰린 거다. 오죽했으면 '세상이 나를 내쳤다'고 말하겠는가? 하지만 직설컨대 그의 궁지는 자초한 궁지다. 목숨도 불사할 싸움을 세상을 향해 건 사람은 바로 그였으니까. 그의 예술은 처음부터 저 엄숙하고 위선적인 세상-대법원 내지 대법관을 향한 칼끝이었으니까. (아무도 그로 하여금 전선의 맨 앞에 서라고 부탁하거나 종용한 적이 없건만!)

"단순히 실직자가 되는 것 자체가 두렵거나 한 게 아닙니다."

그는 분명히 말했다. 그럼 그의 궁지의 뿌리는 무엇일까?

"저는 삶이 곧 예술이고 예술이 곧 삶임을 믿는 '교육 노동자'이며 '예술 노동자'입니다."

다시 말해 그에게 학교라는 일터는 '노동의 장'이자 '예술의 장'이었다. 그의 노동과 예술은 개인적인 미적 성취가 아니라 오직 아이들과 함께 이루어 내야 하는 창조적 삶을 겨냥했고 그가 마련하는 '교육 노동'과 '예술 노동'의 마당에는 아이들만 "놀며 일하고 일하면서 노는" 것이 아니었다. 동료 교사, 지역 주민, 학교의 장, 교육청, 때론 관청까지 기꺼이 참여해 대동大同의 장관이 펼쳐지는 그런 마당이었던 것이다. 그러므로 그에게 학교라는 일터를 잃는다는 것은 그 모든 것과 결별하고 오직 "개인 작업으로서 예술" 세계로 추방당함을 의미했다. 추방! 그랬다. 그것이 그의 궁지의 본질이었던 것이다.

2

김인규는 셋째 아기를 잉태해 배가 볼록한 아내의 알몸과 다소 큰 키에 마른 자신의 알몸이 나란히 담긴 사진 작품으로 세상과의 소통 내지 길항抗拮을 감행했다. 왜 하필 그래야만 했을까? 2001년 당시 영장 실질 심사를 맡은 판사는 그에게 무례하고도 무지막지하게 '왜 그런 짓 했어?'라고 일갈했다지만 우리의 '왜'는 그의 삶과 예술에 대한 탐구성 질문일 뿐이다.

"몸은 제겐 오랫동안 '미지의 세계'였습니다. 결국 두어 번의 몸의 반란이 제가 정신이 아니라 몸으로 존재한다는 사실을 깨닫게 했지요. 그것은 제 삶에서 참으로 중대하고 소중한 사건이었습니다."

그가 몸과 만나 나간 역사는 우리의 관심에 값하고 남음이 있다. 우선 1989년 봄 전교조 운동이 막 태동하던 때에 그는 이런 결심을 한다. '하고 싶은 것이 아니라 해야 하는 것'을 하며 살겠다. '전교조 운동의 원칙을 반드시 지키는 삶을 두려움 없이 동요 없이' 살아가겠다. 그러나 그는 해직을 각오하게 되면서 "피가 거꾸로 쏟아져 내리는 것 같은 아픔과 공포"에 직면한다. 그런 감정은 전혀 낯선, 모순된 무엇이었다. 요컨대 머리는 신념에 따라 해직 그 이상도 감수하라고 하는데 그의 속의 다른 무엇은 그걸 완강히 거부한 것이었다. 가슴은 머리의 독재를 더 이상 이기지 못했다? 여하튼 그는 이 같은 사태를 "몸의 반란", "의식적인 정신에 대한 감정의 반란"으로 이해한다. 그는 회의에 빠져든다. 아주 오래전부터 '나'라는 존재는 없었던 것 아닌가? "어쩌면 나는 나 대신에 거기에 역사적 사명이라는 거대한 괴물을 집어넣고"서 허깨비로 살아온 것은 아닌가……? 그것은 실직이라는 현실적 두려움을 넘어선 실존적 물음이었다. 그러자 "의식적으로 중단했던 어린 시절의 꿈은 슬그머니 풀려 나와" 그에게 이렇게 "조르기 시작"했다 한다. '우리 그냥 놀자, 그냥 편하게 놀자, 하고 싶은 것을 하면 되는 거야…….' 결국 그는 해직된다.

몸의 두 번째 반란은 병마를 통해 온다. 해직 시절에 겪은, "항상 폭력이 난무"하는 유치장살이 두 달은 그에게 "두통, 무기력증, 불면증, 긴장감" 같은 병통을 남겼고 급기야 그는 콩팥 이상과 관련된 "원인을 알 수 없는 희귀한 병"으로 쓰러진다. 그 병마와 싸워 나가는 동안 그는 몸은 결코 "나의 소유물"이 아니며 "미지의 세계"인 몸은 "사랑하는 애인"처럼 대해야 한다는, 소박하지만 우리가 잊고 사는 하나의 진실을 깨닫는다.

"미지의 나를 긍정하면서 비로소 나와 함께하고 있는 사람들의 참모습이 눈에 들어오게 되었습니다."

3

김인규의 몸의 철학, 삶의 예술론을 가장 직접적으로 구체화하고 급기야는 그를 법정에 세웠으며 사람들로부터 돌팔매까지 맞게 한 것은 셋째이자 막내인 아들 준기의 탄생 '사건'이다. 원하지도 예상치도 않은 일이었기에 셋째의 존재를 확인한 순간 그들 부부는 난감함을 넘어 거의 절망에 사로잡혔다고 했다. 그들에겐 이미 다 큰 아들이 둘이나 있었고 앞으로 하고 싶은 일이 너무나 많았던 것이다. 게다가 초음파를 통해 뱃속을 들여다본 아이는 선천성 장애였다. 《나의 그림은 실제상황이다》에 담긴 그의 고백을 들어 보자.

> 나는 셋째 아이를 놓고 고민하면서 성취감을 위한 예술이라는 것이 얼마나 형해화形骸化된 것인가를 깨달았다. 더 나은 예술을 하기 위해 셋째를 버렸으면, 다 팽개치고 달아났으면 하는 생각을 했다는 것 자체가 얼마나 허무맹랑한 것인가를 알았다. 셋째는 나에게 그것을 가르쳐 주었다. (……) 그래서 나는 셋째를 키우는 일과 그와 함께하는 일이 나의 예술의 일부이며, 예술이 그것을 생각하고 되새김질하며 깊게 하는 일의 하나가 되기를, 그와 함께하던 이야기들, 나의 감동들을 그림에 담게 되기를 기대했다.

이어서 그는 이렇게 묻는다.

> "우리 부부 (알몸)사진은 그중 하나의 작업으로 시도되었다는 것을 그들이 과연 이해할까?"

그 사진을 두고 '음란'하다며 그를 단죄하기에 바빴던 '그들'-관음의 시선에 사로잡힌 사람들은 진정 몰랐을 것이다. 아니 생각조차 하기 싫었으리라. 누구보다도 아름다운 '임산부 아줌마'의 그 알몸의 뱃속에는 무구한 생명인 아기가 숨어 있다는 사실을 말이다. 김인규는 알몸 부부 사진을 통해 바로 그것을 보여 주고자 했던 것이다. 그것은 과연 한 시인(박원식)이 말한 바, '인간의 몸을 오로지 욕망의 대상으로만 보게 만드는 포르노의 대공습에 온몸으로 맞서는 파르티잔의 저항'이었다.

4

'미술 교사' 김인규가 누구인지 알고 싶은 이는 먼저 그의 홈페이지부터 방문해야 한다. 거기엔 그의 교사로서 전 역사가 고스란히 담겨 있으니까. 그럼 약관 23세 때 처음 부임해 간 태안여중에서의 '교수 활동 보고서'부터 일별해 보자.

'나의 미술 수업'이란 제하의 개관은 이렇게 시작한다.

대학 4학년 시절 급진적인 미술 운동 그룹 〈두렁〉과의 만남이 나의 초기 미술 교사 활동에 직접적인 영향을 주었다. (……) 그들은 미술의 미적 행위가 삶과 유리되어 추구되거나 호사 취미를 만족하는 것이 아니어야 하며 (……)

그리고 그다음 쪽에 정연히 줄을 선 항목들. '삼계도 그리기', '마을 그리기', '탈 만들기', '동네 사람 얼굴', '이야기책 만들기', '볼록 판화'. 이것들을 하나씩 클릭하면 아이들 작품들이 지도 교사인 그의 해설과 함께 등장한다.

만리포중에서는 '사회주의 예술론을 처음으로 미술교육론에 접목'시키고자 했고 전교조 결성과 함께 해직된 학교인 해미고(현 서산고)는 '가장 격동적인 역사의 시기'였기에 '학생 작품을 정리하여 보관할 겨를이 없었다'고 홈페이지는 기록하고 있다. 그런가 하면 5년여 만에 복직해 부임한 서천중은 그가 '새로운 희망을 모색한' 학교였다. 그는 '정해진 기법을 오랜 시간에 걸쳐 습득하거나, 정해진 활동을 단순히 따라 하는 것은 수업에서 배제하고 주제 의식보다는 표현의 통쾌함에 초점을 맞추는' 수업을 시도한다.

그리고 다사다난했던 문제의 안면중. 그의 개관을 직접 읽어 보자.

안면중학교는 우리 부부 사진으로 정직 처분을 받는 등 또 한 차례 격랑을 겪고 복직한 학교였다. 그러나 미술 교사로서 김인규가 그 어느 때보다 미술교육을 위해 열정을 불살랐던 때이기도 하다. 우리 부부 사진 사건은 아이러니하게도 우리 미술이 어떻게 나가야 하는지 명확히 깨닫게 하는 계기가 되었고 그 가운데 미술교육의 중요성과 의미를 새삼 깨닫게 해 준 기회가 되었다. (……) 안면중학교의 수업의 가장 중요한 특징 중의 하나는 지역사회와 함께하고 다른 교과와 함께하는 통합 수업의 시도였다.

이러한 시도의 여러 열매 중에는 이름 하여 〈산길 프로젝트〉와 〈화장실 프로젝트〉, 그리고 〈안면도 프로젝트〉가 있다. 이제 우리는 그의 '삶의 예술론'이 살아 숨 쉬는 저 장관壯觀의 기획들을 만나 봐야 한다.

5

〈산길 프로젝트〉는 무엇인가? 김인규가 보기에 학교를 오가는 길에 놓여 있는 '산길'은 '학교와 가정 둘 다를 벗어난 공간'으로서 '학생들만의 욕망이 가장 순수하게 꽃필 수 있는 공간'이다. 그래서 그는 생각한다. 학생들이 산길을 그림으로 그리면서 그것을 "적극적으로 비평"할 수 있는 시간을 가진다면 어떤 삶의 얘기들을 풀어낼까? 이를 주체로 다른 교과와의 통합 수업을 하게 되면 아이들에겐 더욱 재미있고 역동적인 공부가 되지 않을까? 이를테면 국어과는 생활 글쓰기를, 사회과는 지역사회 조사 같은 것을, 과학은 생태 관찰 따위를 아이들의 주요 생활공간인 산길에서 퍼내 올 수 있을 테니까 말이다. 그러면 학생과 교사는 함께 놀면서 학습하고 연구하고 꿈꿀 수 있게 되지 않을까? (상상만 해도 행복해지는 완벽한 수업 아닌가……!)

"우연한 기회에 몇몇 학부모에게 '산길 그리기 수업' 얘기를 했더니 굉장한 관심을 보이더군요. 지역 주민 대다수가 안면중 졸업생이라 산길에 대한 추억 한둘쯤은 간직하고 있었던 거지요."

이윽고 지역 주민들은 '우리의 산길'을 가꾸는 데 '우리'도 나서야 하지 않겠느냐며 자진해 팔을 걷어붙인다. 그러자 김인규는 그가 교실과 산길에서 시작한 수업, 학습, 놀이, 예술의 영역을 안면도 전체로, 지역 주민들 전체로 확장시켜 보기로 결심한다. 〈안면도 프로젝트〉라는 일대 파노라마는 이렇게 하여 탄생하는 것이다.

상상해 보라. 전교생과 적지 않은 지역 주민들이 지도 교사들과 함께 1년간의 프로젝트에 직간접으로 참여해 자신들의 삶의 터전을 구석구석 살펴보고 다듬으며 그곳을 학습의 장, 창조의 장으로 만들어 나가는 광경을. '닭섬' 갯벌 체험 활동을 통해 아이들은 갯벌의 생태에 대한 공부뿐 아니라 그곳이 곧 눈물 나는 생계의 보고寶庫임을 몸으로 확인한다. 자전거로 안면도를 탐사하는 아이들에게 마을 회관을 내주고 티셔츠와 모자를 사 주며 격려했던 주민들은 학교 측에서 개최한 그림 그리기나 글쓰기 잔치에 초대되기도 한다.

이러한 모든 것은 안면중에서 펴낸 〈안면도 프로젝트〉 보고서 '안면도 아이들이 안면도를 배우다'에 풍성하고도 감동적으로 기록되어 있다.

6

조셉 보이스.

김인규는 대법원의 유죄 판결이 왜 그를 좌절케 했는가를 설명하는 중에 독일 출신의 세계적 전위 미술가 보이스를 떠올렸다. 다시 한번 묻도록 하자. 왜 그는 좌절했나?

"세상 속으로 더욱 깊숙이 들어가고자 하는 나를 세상이 내치면 반대급부로 개인 작업에의 욕구, 예술가로서의 개인적 성취 욕구가 치솟게 되지요."

그런데 그것은 그가 추구하는 '삶의 예술'의 길과는 전혀 다른 길. "갈수록 수업에 대한 열정은 치열"해져만 가는데, 그것을 위해서는 학교 구성원뿐 아니라 지역 주민들의 동의와 참여와 소통이 반드시 필요한데, 그래야 수업은 그가 목적하는 대로 "예술로서 완성"을 보게 될 터인데 대법원의 판결은 거기에 찬물을 끼얹은 것이다.

"예술은 곧 정치다, 라고 선언하고 그걸 예술 행위로도 보여 준 조셉 보이스의 알리바이는 너무 완벽해서 오히려 수상쩍습니다. 보이스는 자본주의 시대의 예술가들이 흔히 그러듯 이미지 메이커가 되어 자기 신화를 만들어 내려 한 사람이었지요. 저는 그가 적극적으로 스타 시스템을 작동시키고 이용했다고 생각합니다."

나는 그가 비판하는 보이스를 잘 알지 못한다. 그러나 김인규가 '비싼 소비재로 전락한 미적 오브제로서 미술에 반기를 들고 과정으로서 미술에 주목'한 1960년대 서구의 신좌익 미술 운동의 정신에 공감하고 있는 것만은 분명해 보였다. 그가 학교에서, 지역사회에서 벌여 온 '교육&예술 프로젝트'야말로 바로 그런 정신의 산물이 아닌가. 그는 말했다.

"저와의 공동 작업으로 창조된 아이들의 작품은 시장에서 소비되는 시스템으로부터 자유롭습니다."

이런 방식으로 그는 자본주의적 삶의 양식과의 힘겹기 그지없는 싸움, 그로선 포기할 수 없는 싸움을 전개해 온 셈이다. 그것은 예술가가 자기 작품을 시장에 내다 팔지 않으면 먹고살지 못하는 사회 구조와의

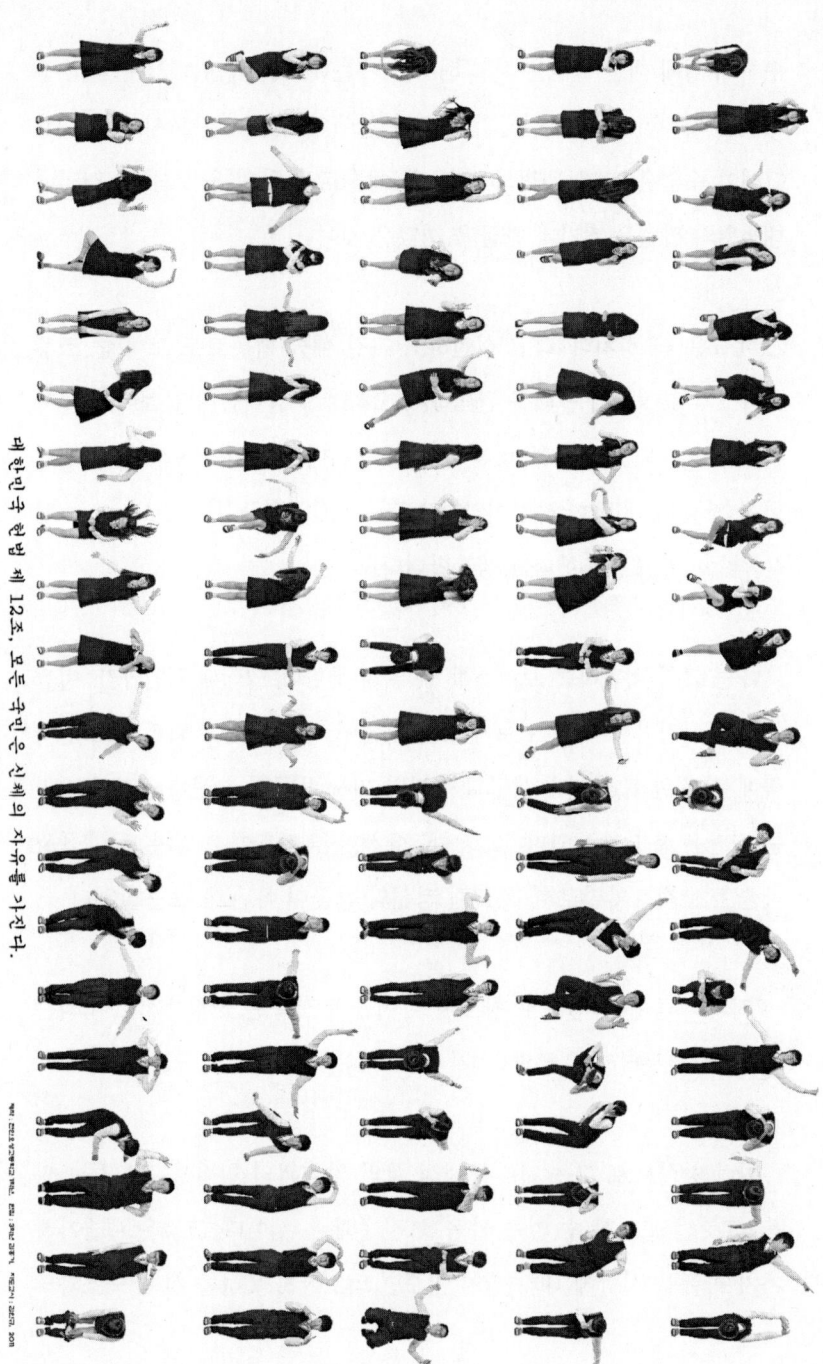

신체의 자유, 2011, 김인규

싸움이면서 그가 말하는 "여백으로서 예술"의 가치, 마땅히 침해받지 않아야 하는 "예술가의 자율성"을 위한, 순수하기에 더욱 래디컬해 보이는 싸움이기도 하다. 그러한 싸움과 함께 그는 예술가가 "작품을 팔아서가 아니라 자신의 예술 노동의 대가로도 살 수 있는" 사회를 꿈꾼다.

"유럽의 사회주의 국가에선 기업체나 병원, 공공기관에서 화가를 고용하기도 하고 정부 차원에서 작품을 구매해 주기도 하지요. 또한 시장도 있구요."

그런 나라였다면 자타가 공인하는 "학교의 일꾼"인 그, 그래서 교육장, 교육감 등으로부터 표창도 심심찮게 받아 왔을 뿐 아니라 '아름다운 학교운동본부'로부터는 아름다운 학교 만들기 공로상을 받기도 한 그, 올해로 전국미술교사모임 회장을 맡아 여름방학 내내 전국 순회 발제에 바쁜 그, 서천문화원이 주관하는 〈서천 청소년 문화 도시 프로젝트〉의 사업 단장으로 뛰고 있는 그를 법정에 세우고 그의 작품을 또한 법으로 재단하여 급기야는 그가 가장 사랑하는 일터로부터 몰아내려는 따위의 야만적 사태는 일어나지 않았으리라.

7

전교조 결성 당시 아들에 며느리까지 해직 대열에 서겠다는 뜻을 꺾지 않자 '정히 그렇다면 죽지 말고 살아만 있어다오'라며 돌아서던 어머니, 갖은 고생을 다 하시면서도 평생 "고결하고도 꿋꿋한 자세를 잃지 않으셨던" 그 돌아가신 어머니 생각만 하면 눈물이 난다는 섬세하기 그지없는 그에게 꼭 던지고 싶은 질문이 내겐 있었다.

교육 노동자로서 아이들과의 수업, 그 공동 작업이 아무리 매력 있고 뜻있는 것이라 하더라도 예술가로서 김인규 당신에게 개인 작업, 그러니까 자기만의 고유한 예술적 성취에 대한 욕망까지 없는 것인가? 예술의 민주화는 필요한 일일 테지만 그것과는 또 다르게 사람들의 영혼을 고양하고 예술사에 길이 남는 모종의 빛나는 예술품은 존재해 왔고 또 존재해 마땅한 일 아닌가……? 그는 생각에 잠긴 채 조용히 입을 열었다.

"그렇지요. 캄캄한 밤 어둠 속을 걸어갈 때 우리가 가야 할 길을 환히 비춰 주는 그런 별과 같은 작품은 있어 왔고 또 앞으로도 그러겠지요."

그러고는 그뿐이었다. 생각건대 내 질문은 우문이었다. 바로 김인규가 이미 하나의 별이었다. 교육과 노동이 만나 태어난 빛나는 별, 굳이 다른 별을 선망할 까닭이 없는, 아이들 가슴속에서 더욱 빛날 그 별 말이다.

2005년 9월

김인규의 그 후 이야기

　6년 전 선생님은 저를 만나러 오셨습니다. 참 질긴 인연이라는 생각입니다. 선생님은 어찌 지내시는지요? 저도 이제 쉰 살이 넘었답니다. 더 이상 청년이 아니라는 것을 스스로 느끼게 됩니다. 교사를 어떻게 마무리해야 할지 생각할 나이가 되었다는 것이 너무 아쉽고 쓸쓸하고 그렇습니다. 선생님의 전화는 저를 다시 되돌아보게 했습니다. 그냥 '선생질'을 해 왔던 것 같은데 생각해 보니 그동안 제겐 정말 많은 변화가 있었네요. 천안에 온 지도 벌써 4년이 되었고 이제는 서천으로 돌아갈 준비를 하고 있답니다. 뜻대로 된다면 내년엔 서천의 충남애니메이션고에 가게 될 겁니다.

　처음 천안에 올 때는 한 2년 정도 있다가 내려가려고 했지요. 객지에서 혼자 자취하는 일이 만만치 않았는데도 그게 냉큼 마음대로 안 되더군요. 여기 천안에서는 거의 교실 안 미술 수업에만 집중했습니다. 작년에 말씀드린 대로 누구나 따라 할 수 있는 보편적인 수업 모형을 만드는 일에 집중했다고 할 수 있지요. 어찌 보면 입시 체제라는 거대한 시스템 아래서 충돌 없이 할 수 있는 일에 몰입했다고나 할까요. 그러니까 수업에만 집중하면 현 체제와의 갈등을 비켜 갈 수 있다고 생각한 셈이지요. 그동안 고등학교 미술 교과서도 두 권이나 집필했고 지금은 중학교 미술 교과서 집필을 하고 있습니다. 입학사정관제 도입 등의 변화를 보면서는 새로운 희망을 보기도 했답니다. 입학사정관제는 미대 입시의 경우를 생각하면 사교육을 줄이고 공교육을 살리는 쪽으로 가게 할 수 있다는 생각에서였습니다. 내가 만드는 좋은 공교육이 아이들의 입시에 도움이 될 수 있을 거라는 생각도 했고요. 그래서 실제 미대 입시생들을 모아 놓고 방과 후 학교를 운영하기도 했습니다. 성공했더라면 이걸 가지고 서천으로 돌아갈 생각이었지요.

그러나 최근엔 그게 아니라는 것을 뼈저리게 느낍니다. 무엇이든 입시를 전제로 하면 놀랍게도 미술 활동의 생생함이 사라졌습니다. 창조적 기쁨, 자신의 존재에 대한 개입, 새로운 삶에 대한 열정, 삶에 개입하는 정치성 등이 다 말라죽어 버리는 것만 같았습니다. 잘 짜인 매뉴얼에 의한 미술교육은 죽은 교육이었습니다. 예술적 가치가 살아나지 않았지요. 학생들이 무엇을 느끼고 표현할까보다는 무엇을 배울까에 집중하는 순간 창조적 열정이 살아나지를 않는다는 것. 교사도 마찬가지였습니다. 어떻게 창조성을 발현시킬까보다 무엇을 가르칠까에 집중하게 되다 보니……. 결국 학교교육은 거기서 거기로 맴돌고만 있구나 하는 생각이 들었습니다. 지난 4년간 천안에서 생활하며 얻은 결론은 궁극적으로 '예술로 돌아가야 한다'는 것이었습니다. 젊은 교사들이 손쉽게 따라 할 수 있는 보편적 수업 모형과 매뉴얼이란 쓸모가 없는 것이었지요. 수업이란 기술적인 문제가 아니라 깨달음의 문제이며 체험의 문제이며, 그것을 토대로 한 자기 단련의 문제라는 생각을 하게 된 것입니다.

그러고 보니, 다시 안면중 시절로 되돌아간 기분입니다. 너무 기나긴 방황의 여정이었나요? 그렇지만은 않은 것 같습니다. 더욱 확고해진 게 있습니다. 그동안은 사람들이 나의 다양한 실험들을 놓고 비현실적이라 말할 때 자신이 없었고 흔들릴 때가 많았지요. 그러나 지금은 아닙니다. 교육에서 학생들 스스로 감동적 체험을 하지 못한다면 교육적 효과도 없다는 것을 너무나 분명히 알게 된 것입니다. 인문계고 4년 동안 저는 학생들이 얼마나 무의미하고 무기력한 시간을 보내고 있는지 똑똑히 보았습니다. 그리고 입시에 매진했던 많은 학생들이 대학에 가서 얼마나 많이 방황을 하는지도 보았구요. 학생들이 제대로 경험하고 제대로 아는 기회를 갖지 않는 한 결국 대학에 가서 여러 문제와 부닥치게 된다는 것을 알았지요.

또한 그간 제가 좀 더 섬세하게 경험한 것은 '가장 예술적인 것이야말로 가장 정치적'이라는 사실이었습니다. 그동안 저는 학생들이 만들어 내는 수업의 결과에 상당히 집착했다고 할 수 있습니다. 제가 계획한 대로 학생들이 멋진 결과를 생산하길 바랐다고 할 수 있지요. 그러나 학생들의 삶에의 의지, 욕망 등이 일단 한번 터져 나오기 시작하면 저의 계획을 넘어서 버리는 것이었습니다. 학생들은 이미 알고 있던 것이 아니라 새로운 것으로, 새로운 영역으로 나갔던 것이지요. 수업을 시작할 때 학생들은 내 영토 안에 있었지만, 활동을 하는 과정에서는 그 지형을 변화시켰다는 말입니다. 새로운 지형을 모색하는 것이야말로 가장 창조적인 일이면서 가장 정치적인 일이지요. 제가 쳐 놓은 경계를 고집하면 학생들의 욕망과 충돌하고 급기야 그들은 저를 거부하는 것이었지요.

그때 제가 그들의 욕망을 읽어 내고 그 경계를 조정하거나 버리고 나가는 순간이야말로 가장 창조적인 국면이고 성취감이 높았습니다. 그러다 때로 길을 잃기도 했지만 말이지요.

저는 스스로 더 이상 교사로 규정하고 싶지 않습니다. 저는 앞으로 남은 기간 미술 교사가 아니라 '학교 상주 예술가'로 규정하고자 합니다. 학생들이 창조적 도전을 수행하려 할 때 그 멘토가 될 수 있는 학교 상주 예술가…….

아무튼 저는 이제 다시 충남애니메이션고로 돌아가려 합니다. 그렇지만 예전과는 다른 모습으로 돌아갈 겁니다. 학생들을 좋은 대학에 보내는 교사가 아니라 학생들을 훌륭한 예술가로 기르는 사람이 될 수 있기를 바랍니다. 그게 가능할까요? 그게 가능하지 않다면 저는 학교를 떠나게 될 것 같습니다. 교사로서 마지막 실험인 셈이지요.

2011년 12월
천안에서 김인규

시인은 분투한다

조향미
부산 금정여고 (현 영도여고)

1

올해로 나이 마흔 중반에 교직 경력 22년째인 국어 교사 조향미. 그는 작년 교육부와 전교조가 단체교섭에서 합의한 '0교시 폐지 방침'을 아주 불구로 만들어 버리려는 '교장 일파'와 일대 전쟁을 벌였다. 일군의 반듯한 동료 교사들이 뜻과 행동을 함께했다. 전쟁이라니, 아이들이 평화로이 공부해야 할 학교에서 전쟁이 웬 말이냐고 핀잔부터 할 사람들도 있을 줄 안다. 하지만 이 나라 학교는 제대로 된 개혁을 바라는 많은 교사들에겐 여전히 전쟁과 평화가 공존하는 곳이다. 아니 불행히도, 평화가 오히려 '거짓의 지속'이고 전쟁이 오히려 '진실의 시작'일 때가 많은 장소이기도 하다.

이런 의미에서 '조향미들'의 전쟁은 학교 현장의 뿌리 깊은 가짜 평화, 강요된 침묵과의 싸움이다. '전쟁'의 전말은 이렇다. 우선 교장 일파는 0교시 폐지의 본래 취지 자체를 부정하고자 했고 전교조 분회장이기도 한 조향미는 이를 묵과할 수 없었다. 그의 말마따나 "제우스 신도 어쩌지 못할 한국의 보충수업"은 또 그렇다손 치더라도 천신만고 끝에 손안에 쥐게 된 0교시 폐지를 맥없이 놓쳐 버릴 수는 없었던 거다. 그러나 교장이 계속 무대포로 독선과 독단을 휘두르고 나오면 '조향미들'이 할 수 있는 일은 사실 그리 많지 않다. '전쟁'은 어디까지나 외교전에 가깝지 백병전은 아닌 것이다. 그는 고심 끝에 전체 동료 교사들에게 보내는 호소문을 작성하고 설득에 나서는 한편 다른 인문계 고교들의 상황을 살펴본 다음 마침내는 상급 기관에 청원서도 넣는다. 무풍지대 애호주의

자라 할 일부 동료 교사들과는 신경전도 벌인다. 그런데 이건 관리자들과의 직접적인 싸움보다 몇 배 더 힘겹고 난해하다. 그런 가운데 교장은 배짱 맞는 학부모들을 내세워 그를 압박하고 공격한다. 학부모와 대적한다? 난감한 노릇이 아닐 수 없다. 그러나 궁하면 통한다고 했던가. 그의 '가장 아름다운 후배'들이 보다 못해 어떤 행동에 나선다. 서로를 격려해 가며 교문 앞 1인 시위에 나선 것이다. 그러자 전쟁의 변방으로 밀려나 있던 아이들이 전선으로 얼굴을 내민다. "폐허처럼 버려져 있던 학교 홈페이지가 학생들의 글로 조금씩 살아나기 시작"한 것이다.

"정작 시위를 해야 할 사람은 선생님이 아니라 우리 학생들입니다."
"내일 아침엔 학교 앞에 서 계시는 선생님께 따뜻한 인사 한마디로라도 힘을 줄 수 있으면 좋겠습니다."

여기에 조향미가 응답을 하지 않을 까닭이 없다. 그건 교사의 의무이기도 하다. '0교시 폐지, 본질을 봅시다'라는 제목으로 동료 교사들에게 나눠 준 호소문에 "어째서 자유에는 / 피의 냄새가 섞여 있는가를 / 혁명은 / 왜 고독한 것인가를" 묻는 김수영의 비장한 시구를 빌어 왔던 그는 아이들에게 보내는 글에는 데이빗 소로우의 《시민의 불복종》의 서두를 인용한 다음 이렇게 쓴다.

만해 선사는 복종하고 싶은 데 복종하는 것은 자유보다도 달콤하다고 했습니다. 그러나 복종하지 말아야 할 것에 복종하지 않는 것은 더 위대한 일입니다.

2

학창 시절 내내 모범생이었고 사범대를 다닐 때도 그저 '순수' 문학도일 뿐 교직에 관한 의식도 전무하다시피 한 조향미가 1984년 한 실업계 학교에 첫 발령을 받은 것은 하나의 행운이라 해야 한다. 그곳에서 그는 순수문학에만 쏠려 있던 그의 눈을 사회 현실로 돌릴 수 있게 이끈 한 선배 미술 교사를 만났고 지독한 가난 때문에 수난받는 숱한 아이들- 저 순결하고도 슬픈 아이들을 만났던 것이다.

"그 아이들 앞에서 저는 우리의 죄, 나의 죄를 확인했어요. 그리고 아이들이야말로 내 마음의 스승임을 알게 되었고요."

그가 쓴 시의 한 대목대로 "누구 한 사람 사랑한 적 없이 / 친구도 일회용뿐이었다고 침 뱉듯 말"하는 "소년 가장"을 통해 세상을 향한 눈을 새롭게 뜨게 되었던 것이다.

그랬기에 학교 사회가 "숨 막히는 관료 사회라는 사실"을 깨닫는 데는 그리 긴 시간이 필요치 않았다. "악명 높은 교장"이라는 '스승'도 한몫을 했다. 큰 독재자가 군림하는 나라에선 어디에고 작은 독재자들이 독버섯처럼 자라는 법. 때는 전두환 정권 시절이었다.

"학생 시절 책으로만 봐 왔던 사회의 문제점들이 교육 현장의 위선과 모순을 대하면서 비로소 확연하게 피부에 와 닿았지요."

탈출구가 필요했다.

1985년의《민중교육》지 필화 사건, 1986년 5월 10일 YMCA 산하 중등교육자협의회 소속 교사들의 '교육민주화선언' 소식 등을 "가슴 두근거리며" 전해 듣기도 하고 "레지스탕스들처럼 몰래몰래" 교사 소모임에도 나가던 그는 1987년 가을 부산교사협의회가 결성되자 그쪽으로 성큼 발길을 내딛는다. 같은 과 선배이자 남편이며 문학적 반려자이기도 했던 교사 신용길은 처음엔 교사협의회 활동을 망설였다. 그러나 숙명이었던가? 남편 신용길은 어떤 계기로 교육운동이란 외길로 나서게 되자 그 곧고 불같은 성미로 그 자신이 맹렬한 질풍노도가 되어 버린다.

1989년 봄의 일대 사건. 전교조 결성이라는 쾌거 내지는 사태. 당시 노태우 정부는 정권의 명운을 걸다시피 하면서 1,500여 교사를 일거에 거리로 내모는, 이른바 '교육 대학살'을 자행한다. 거기에 맞선 선생들 중에서도 신용길은 다른 누구 못지않게 '학살자들'에게 위험한 존재였다. 부정한 권력자들이 정녕 두려워하는 것은 몇 자루의 총칼이 아니라 분노한 시인의 진실의 노래가 아니던가? 신용길은 "나에게 과격하다 이름 붙이지 말라 / 1989년 여름의 대학살을 기억하리라"라고 포효하듯 노래했고, 투옥되었고, 감옥에서 피를 토했다. 그리고 위암 선고 넉 달 만인 1991년 3월 "서른다섯 살 푸르른 나이"로 생을 마감한다. 그의 장례는 전 국민의 관심 속에 전교조 장으로 엄수되었고 조향미는 "지상의 한 귀퉁이"에 외로이 남는다. 당시의 "절망과 슬픔과 외로움", 그리고 그 이후의 숱한 정한情恨들을 촘촘히 새겨 놓은 처녀 시집《길보다 멀리 기다림은 뻗어 있네》는 자신과의 처절한 전쟁의 기록이자 새로운 시작을 알리는 화해의 기록이기도 하다. 그때로부터 10년 세월이 더 흘러간 지금 그는 이렇게 말했다.

"신용길은 분명 제 사랑하는 남편이었고 제멋에 쑥쑥 잘 자라고 있는 외동아들 준재의 단 하나밖에 없는 그리운 아버집니다. 동시에 그는 교육운동의 역사에서 지울 수 없는 발자취를 남긴 공적 존재이기도 합니다."

과연 교사 신용길의 짧고 뜨거웠던 삶과 산화하다시피 한 죽음은 전교조 운동의 초심과 고난과 희망, 그 모든 것의 상징이었고 앞으로도 그럴 것이다.

"그렇기 때문에 제 삶의 지평은 신용길과의 사적인 만남과 이별을 넘어서야 마땅하고 또 그리된 지도 오래입니다. 저는 오직 조향미일 뿐 그 누구의 그림자도 되고 싶지 않습니다. 사람이란 누구나 때가 되면 근원으로 돌아가게 마련이고 그때까지는 자유인으로 사는 것이 우리 모두의 최고 바람 아닌가요?"

3

자유-자유인. 그것은 모든 사람의 궁극적 고향이며 닿기가 쉽지 않은 고향이다. 게다가 선생 해서 밥 벌어먹는 사회적 존재로서, 그것도 "그냥 선생이 아니라 '전교조 선생'"인 그에게 '자유인'이란 과제는 지난해 보이기만 한다. 학교는 갈수록 신자유주의라는 저 '결연한 자본주의'에 포섭되고 점령당해 가고 옛날엔 학교가 잘하든 못하든 그저 참거나 방관했던 학부모들이 이젠 시장 이데올로기에 저항하며 인간 교육과 공교육의 이념을 살려 내기 위해 고투하는 교사들에게 노골적인 적대감을 내보이고 심지어 행패까지 부리는 판국이다.

2년 전의 충격적 사건 하나를 조향미는 떠올렸다. 교육청 로비에서 단체협약 성실 이행을 요구하며 농성 중인 전교조 부산지부 간부들 앞으로 무슨 학부모 단체 회원이라는 사람들이 우르르 나타나 저열한 욕설에 갖은 행패를 다 부렸다. 조향미는 그때 그 현장에 있었다. 전교조 동료 교사들과 함께 침묵 좌정해 있는 그에게도 학부모들이 마구 던진 의자가 날아왔다. 그들은 "부산 교육 망치는 전교조는 자폭하라!" 끔찍한 구호도 고래고래 외쳐 댔다.

"너무 억울하고 분하고 서러워서 밤새 울었습니다."

어떤 마땅한 대책도 찾을 길 없어 더 그랬을 것이다. 아무려면 학부모를 적으로 돌리고 학교와 교육을 변화시킬 수는 없는 노릇 아닌가? 어차피 그들은 이성보다는 모종의 오도된 심증 때문에 그런 일을 저질렀던 것 아닌가? 더구나 진실이란 우격다짐으로 전할 수 있는 건 아니지 않은가 말이다.

"학교에도 참 뭐라 말하기 힘든 그런 교사들이 있잖아요? 예전엔 논쟁도 하고 마음속으로 경멸도 하고 심지어는 싸운 적도 있지만 이젠 연민부터 느껴요. 연민이란 함께 아파하고 품어 주는 마음, 곧 큰 사랑의 바탕이라고 하잖아요? 저도 나이를 먹었나 봅니다. 그들의 이면도 훤히 보이고 하니까 그걸 있는 그대로 이해해 주는 수밖에 없다는 생각도 들고요."

　꼭 나이를 먹어서 만일까? 그런 것 같진 않다. 그는 원래부터가 평화주의자 아니었나? 위장의 평화, 가공된 평화가 아니라 자연의 평화, 마음의 평화를 태생적으로 사랑하는 사람 말이다. 아니 그는 차라리 '고향주의자'라고 해야 더 옳을는지 모른다. 그는 비록 초등학교 2학년 때까지만 "물 맑고 산 깊은 내 고향" 경상남도 거창에서 시골 소녀로 자라고, 그다음엔 줄곧 대도시 부산에서 살았지만, 그 "농촌 공동체에 온전히 안겨 살았던 어린 시절"이야말로 그의 "영원한 고향"으로서, 그가 "언제라도 돌아가야 하고 또 회복해야 할 시원始原"이기 때문이다. 다른 무엇보다 그의 시의 배경엔 늘 자연이 존재한다. 자연을 부정할 사람이 누가 있으랴마는 그에게서 느껴져 오는 자연과의 친연성親緣性은 남달라 보인다. 퇴임 후의 큰 소망이 "툇마루가 있는 작은 집과 도서관"이 있는 동네에서 "주경야독의 생활"을 하는 것이라고 말하는 그이기도 하다. 그러고 보면 그가 세상에서 가장 좋아한다는 햇살과 빗소리 같은 건 단순한 취미 이상의 것이다. 창밖으로 금정산이 보이고 햇살이 잘 든다 하여 이사한 8층 아파트에 그가 금방 실망했던 것도 "푸르른 빗소리" 그러니까 "빗방울이 대지에 입 맞추는 소리"를 듣지 못한다는 사실 때문이었으니, 그는 필경 자연과 더불어 비로소 안심하는 식물성 인간인 것이다.

4

조향미가 0교시 폐지 문제로 그야말로 전쟁을 치른 것은 앞에서 말한 대로다. 그렇다고 그가 전쟁만 치르고 있다고 상상한다면 그건 큰 착각이다. 그는 왜 전쟁을 감행했던가? 학생들에게 조금이라도 좋은 교육 환경을 만들어 주기 위함이 아니었던가? 그렇지 않았다면 그의 전쟁은 단지 소모전에 불과했을 것이다.

과연 조향미는 국어교육의 영역 중에서 무엇보다 중요하다고 여겨 온 독서교육과 토론 수업을 '전쟁' 때문에 소홀히 할 수는 없었다. 하지만 말이 독서교육이고 토론 수업이지 그게 좀 어려운가? 참고서나 문제집은 울며 겨자 먹기로라도 열심히 파는 아이들도 당장 점수와 상관없어 보이는 책은 여간해서 읽지 않는다. 하물며 토론이라니. 수업의 성공 여부는 늘 오리무중일 때가 많다. 그러므로 사전 준비도 착실히 해야 하고 사후 점검도 제때에 꼼꼼히 해야 한다.

"한 학년 전체 학생을 대상으로 책을 읽히고, 감상문을 쓰게 하고, 독서 공책에 댓글도 달아 주고, 그것을 수행평가에 상당 부분 반영하는 그런 독서 수업은 혼자 힘으론 불가능합니다. 검사 도장만 꽝꽝 찍어 주는 식으로 할 바엔 차라리 안 하는 것이 나으니까요. 방법은 단 하나, 혼자가 아니라 같은 학년 국어과 선생님들과 공동으로 해야 하는데 그거야말로 참 쉽지가 않지요. 교사들만큼 자기 영역을 배타적으로 지키려는 집단도 드물다고 하잖아요?"

그러나 조향미는 행운아(!)였다. 그는 무려 4년간이나 독서 교육을 밀고 나갈 수 있었고 그 시간들은, 고진감래일지언정, 정말 행복한 것이었다니 말이다. 어째서 이런 일이 일어났을까? 이유는 단 하나. 조향미 곁에는 "교과서보다 아이들 공책 더 귀하게 여겨 / 일일이 고쳐 주고 칭찬하는 선생 / 밑줄 긋고 느낌표 치며 기쁘고 즐거워 / 옆자리 동료들에게 자랑도 하는 선생 / 꾹꾹 숨겨 둔 아이의 아픈 비밀 읽고 / 한숨 쉬며 몰래 눈물도 닦는 선생"들이 있었다. 보라. 거기엔 "가을 햇살처럼 결이 고운, 교사 학생 모두에게 공인된 천사" 임남순이 있고, "순수 담백한 자연의 마음 그대로인" 하외정이 있고, "매사 진지하고 예리한 통찰력에 빛나는" 백경혜가 있으며, "말없이 성실하고 야무진 완벽주의자" 박지영이 있는가 하면 "구슬처럼 또록또록한 철저한 근본주의자" 이은정에 "섬세하고 강인한, 문무를 겸비한 오빠(!)" 강정한도 있고……! 이러니 어찌 가장 선배인 조향미가 이 "진짜 선생들"에게 '참나무 선생'이란 참한 이름 하나 달아 주지 않고 배겼겠는가? "그 참나무마다 도토리 같은 아이들 / 조롱조롱 매달려 한창 여물어 가고" 있다 했으니……! 그가 지난해 작지만 알찬 '교내 참교육실천발표대회'를 기획할 수 있었던 것도 바로 이 참나무 선생들이 포진해 있었기에 가능했음은 물론이다.

   그런데 교사들의 독서가 선행되지 않고서 아이들 독서 교육이 가능할까? 그럴 수는 없다. 조향미는 일찍부터 교사 독서 모임을 만들고 이끌어 왔다. 옮기는 학교마다 그랬다고 했다.

"조향미 선생님과의 독서 모임을 통해 저는 한 개체로서의 삶을 벗어난 더 넓은 삶도 있다는 것을 알게 되었습니다. 향미 선생님은 저 같은 후배 교사에게도 선생님이신 그런 분이랍니다."

하외정 선생의 말이다.

5

시인 신경림은 《시인을 찾아서》에서 조향미를 "작은 것에서 큰 아름다움을 보는" 시인이라고 썼다. "생래적 시인"이라는 말도 덧붙였다. 한마디로 그는 섬세한 감성을 지닌 서정시인인 것이다. 이는 시인이란 본질적으로 서정시인이라는 의미에서도 그렇지만 조향미의 서정 혹은 삶의 취향에는 그만의 숨결과 색깔이 스며 있다는 말이기도 하다. 과연 그의 관심은 서정성의 보고寶庫라 할 '작은 것'들에 쏠려 있다. 이것은 그의 두 번째 시집 《새의 마음》을 펼쳐 보면 누구라도 금방 알 수 있다. 그 '작은 것'들의 세계엔 '떠나는 잠자리', '한밤의 고독한 모기', '어린 다람쥐', '개미 한 마리', '애벌레', '은피리', '매미'가 있는가 하면 '호박', '콩나무 넝쿨', '못난 사과', '빈 마당에 쌓이는 붉은 감잎', '새 촉 돋은 난'도 있고 심지어 '햇살 속을 떠도는 먼지 알갱이'도 살아 숨 쉬고 있는 것이다.

이렇듯 어떤 치열성마저 엿보이는, 작기에 크게 소중한 것들을 향한 애정은 그의 일상생활 도처에서도 배어 난다. "뼈가 닳도록 30년 고된 노동 뒤 나이 일흔이 되어서야 생업을 접"고 "의좋은 생도처럼 늦공부에 날이 아까운" 부모님을 "진심으로 존경"하며 산다는 그 마음도 그렇고 지난 한 해 동안의 '독서 공책'에서 뽑은 아이들의 글들을 참나무 선생님들과 함께 문집으로 펴내기로 한 것도 그렇다.

요즘 생각하는 자신의 교육관을 몇 마디로 줄여 보라고 주문했다. 그러자 그는 얼마 전《녹색평론》에 발표한 시 한 편을 내밀었다.

나는 공중의 새를 근심하여 / 새장에 넣고 / 들판의 백합을 찬미하여 / 꽃병에 꽂았다 (……) // 그러나 새는 노래를 잊었고 / 꽃은 피어나지 않았다 / 교육 또는 사랑은 / 종종 우주에 대한 불경(不敬)이기도 했다

- 〈불경不敬〉 중에서

그래서일까? 그는 종종 어른보다 더 현실에 맹종하는 듯 보이는 아이들에게 '진정 꿈이 있는가'라고 묻는다. 그러면서 혁명가이자 시인인 체 게바라의 말을 뜨거운 마음으로 들려도 준다.

"우리 모두 리얼리스트가 되자. 그러나 가슴속엔 불가능한 꿈을 품자."

조향미에게 그 '불가능한 꿈'이란 무엇인가? 내가 보기에 그것은 우리들 안팎의 무수한 '전쟁'과 '불경不敬'을 리얼하고도 정직하게 대면하되 오직 '우주적 진리'라는 끝없는 길을 수행하듯 걸어가야 한다는 하나의 굳은 서원誓願에 다름 아니다. 그는 진작부터 그 "외롭고 높고 쓸쓸한" 꿈, 그 서원을 자신의 것으로 깊이 받아들였다지 않는가? '전교조 교사'에 앞서 '인간의 교사'로서, 서정시인이기에 앞서 한 자유인으로서 말이다.

2005년 3월

조향미의 **그 후 이야기**

　선생님, 세월이 한참 흘렀습니다. 줄 위의 광대 같은 아슬아슬한 삶을 살면서도 왜 이렇게 변화가 없지, 이런 잔잔한 바다 같은 시간은 언제까지 계속되는 걸까 싶은 마음이 들 때도 있었지만, 과연, 고해苦海라는 인간사가 그렇게 지속될 리 없지요. 갑자기 불어닥치는 폭풍과 해일, 정신을 차릴 수 없을 정도로 바다는 포효했습니다. 이게 뭐야, 내 삶은 왜 늘 이런 거야 하고 분노하고 좌절하기도 했지만, 나만 그런 게 아니라 삶이 원래 그러한 거지요. 예측 불가능성, 파란만장, 우여곡절…… 모든 존재가 그렇게 삽니다. 이 세계 어디에도 없던 한 생명이 태어나 살다가 어느 날 문득 완벽히 사라지는 이 삶이라는 구조 자체가 신비 그 자체이니까요. 탄생과 죽음 그 사이에서 일어나는 무수한 현상들 사건들, 무엇 하나 경이로움 아닌 게 있겠습니까.

　여덟 살 적 초등학교에 입학한 이후로 저는 올해 처음 학교를 쉬고 있습니다. 요즘 유행하는 중병을 진단받고 고생을 좀 했습니다. 사실은 좀이 아니라 떠올리기도 괴로운 날들이 지나갔습니다. 아직 몸이 예전 같진 않지만 고맙게도 서서히 회복해서 복직을 준비하고 있습니다. 큰 병을 앓고 회복되고 하는 경험을 통해서 내 생을 움직이는 것은 내가 알고 있는 나 자신보다는 나도 모르는 어떤 힘이라는 것을 느끼고 있습니다. 모든 종교에서 큰 스승들이 그렇게 가르치고, 백석의 시구에도 나오지요? 내 뜻과 힘보다 '더 크고, 높은 것이 있어서, 나를 마음대로 굴려 가는 것을 생각하는 것인데'(백석 〈남신의주 유동 박시봉방〉) 인간은 아무것도 아는 게 없다는 성현들의 말씀이 정녕 진리인 듯합니다.

선생님이 제 인터뷰 글을 쓰신 이후로 저는 여학교 한 군데를 더 거쳐서 남학교에서 근무했습니다. 여전히 아이들에게 좋은 책을 읽히고 글 쓰고 토론하는 것을 가장 중요한 공부라고 생각하고, 추천 도서를 정하고 토론 주제를 잡고 문집을 엮으며 그렇게 학교생활을 해 왔습니다. '매달 두 편씩 시를 읽고 감상을 쓰다 보니 어느새 나도 모르게 시를 좋아하게 되었다.' '귀찮게만 생각했던 독서와 글쓰기가 나를 얼마나 성장시켜 주었는가를 생각하면 이 독서 공책은 나의 소중한 보물이다.' 아이들의 글에서 이런 구절을 발견하며 보람과 기쁨을 느끼기도 했고요. 한편 책 읽기를 싫어하고 글을 잘 쓰지 못하는 아이들에게도 밝고 건강한 품성을 발견하고 너무 내 방식의 공부만 강요해선 안 되겠구나, 열심히 따라 주는 아이는 능력을 잘 살리도록 격려하고 책에 흥미가 없는 아이들은 주눅 들지 않으며 자신의 본성을 잘 키워 나가도록 도와줘야지 생각하기도 했습니다. 학교 공부가 배움의 전부가 아니라는 교육철학을 좀 더 깊이 가지게 된 것이지요. 인간의 생각과 말이라는 것이 존재의 본성을 가리고 있다는 진실을 새로이 접하게 된 선禪 공부에서 깨닫게 되었거든요. 노자老子도 도道는 '채워 가는 것이 아니라 비워 가는 것'이라고 하셨지요. 채우기에만 혈안이 된 우리 교육과 문명 전체가 늘 새겨야 하는 진리인 듯합니다. 그래도 학교 선생, 그것도 언어를 가르치는 국어 선생 노릇을 하니 생각과 언어로 아이들의 머리를 채워 주려는 노력을 안 할 수는 없었습니다.

동료 선생님들과 독서 모임도 학교를 옮길 때마다 새로이 꾸렸습니다. 책을 읽는 것이 목적이 아니라 그렇게 한 달에 한두 번이라도 모여서 같이 밥을 먹고 삶과 교육에 대한 고민을 나누며 우리끼리 서로 배우고 가르치는 자기 연찬의 시간은 참 소중했습니다. 덩그런 교무실에서 각자의 책상에 앉아 혼자 연구해서 수업하고 평가하고 그렇게만 하고 말기에는 우리가 담당하고 있는 교육이라는 분야는 너무 복합적이고 전체적이고 변화무쌍한 것이지요. 교사들은 함께 모여서 토론하고 공부하고 고민하고 해결책을 모색해야 합니다. 교사 공동체가 형성되지 않는 학교에서 제대로 교육이 될 리가 없습니다. 우리는 한 아이를 상대하는 독선생이 아니라 수십 수백 명의 아이들을 가르치는 교사 집단이니까요. 집단이 제대로 작동하려면 공동체의 정신이 바탕이 되어야 한다고 생각합니다. 학년회가 있고 업무 부서별로 나뉘어 있지만 그런 외적인 틀을 넘어서 진정 마음으로 소통하는 관계가 형성되어야 하지요. 제 경우에 그것은 독서 모임의 형식이 가장 좋았습니다. 독서 모임에서 함께 이야기하다 보면 선배들의 오랜 경험에서 오는 지혜, 후배들의 신선한 감성과 아이디어를 서로 배우게 됩니다.

2000년대 초반까지는 세상의 시비분별을 따지며 옳지 않다고 믿었던 세력과는 저도 나름 치열하게 맞서며 살았던 것 같네요. 0교시를 정규 수업으로 만들지 않기 위해 등교 시간 10분 때문에 제가 얼마나 집요하게 싸움에 매달렸던지, 지금 생각하면 좀 신기하기도 합니다. 정상적인 교육과정, 적정량의 수업 시간을 지켜 내기 위해서 그렇게 싸웠건만, 지금 학교마다 9교시는 일상적인 일과가 되어 버렸고 특강에 멘토링에 정신없이 돌아갑니다. 그때의 싸움은 아득한 전설이 되어 버렸습니다. 넋을 잃은 채, 영혼을 팽개친 채 우리 교육 현장은 이렇게 흘러가고 있습니다. 교육 위기를 넘어서 '교육 불가능', 맞는 말입니다. 진정 교육이라 할 수 있는 교육은 사라져 버렸어요. 하지만 방방곡곡에서 여전히 건강하게 자라는 아이들이 많고, 선생님들도 숨 막히는 제도의 굴레 속에서 희망의 싹을 피워 내고 있습니다. 제도가 모든 인간의 영혼을, 생명력을 완전히 장악할 순 없는 것이지요. 저는 현재와 같은 한국의 학교에 대해서는 희망을 버렸지만, 제도 따위로 손상될 수 없는 생명의 힘은 믿고 있으므로 완전히 절망하지는 않습니다.

성인들은 누구나 '진리는 하나'라고 가르칩니다. 나라는 주관도 세계라는 객관도 없는 오직 하나의 진리가 있을 뿐이라고 합니다. 아직 제게는 까마득한 얘기지만 이런 가르침을 듣고 있으면, 인류 전체가 잘못 살아왔다는 생각은 갈수록 뚜렷해집니다. 선생님이 저를 '고향주의자'라고 했지만, 그렇지요…… 우리는 어느 때 고향을 떠나 나그네가 되었습니다. 한 종교에서는 그 고향을 에덴동산이라고 부르지요. 그런데 그 에덴동산 즉 고향(근원)은 저 머나먼 다른 시공에 있는 것이 아니라 지금 우리가 있는 이 자리가 바로 그곳이랍니다. 중생이 곧 부처요, 저잣거리가 바로 불국토라는 것이지요. 문제는 바로 우리들의 생각, 눈앞의 진리와 행복을 놓치고 늘 더 화려하고 멋진 세계를 꿈꾸는 우리들의 망상에 있습니다.

  모든 생명과 문명은 에너지가 있어서 가능한 것인데 다른 동식물은 태양에너지에 기대어 살아가지만, 인류는 자연을 변형하여 유한하고도 위험한 에너지(석탄, 석유, 원자력 등)에 의존하여 너무 멀리 와 버렸습니다. 인간의 목표는 지구를 다 털어먹고 다른 별을 찾아 떠도는 우주인이 되는 것일까요? 이제 우리는 끝없이 앞으로 나아갈 때가 아니라 돌아갈 때입니다. 미친 듯 도시와 문명을 건설하고 마을과 자연을 파괴해 왔지만, 길이 아닌 길을 와 버렸다는 것을 깨달아야 할 때입니다.

  저는 이제 아이들에게 꿈과 야망에 대해 말하지 않습니다. 너무 오랜 꿈에서 이제는 깨어날 때라고 말합니다. 작고 따뜻한 공동체를 만들고 지켜 가는 것에 대한 새로운 꿈과 희망이라면 좋겠지요. 그것은 바로 헛된 꿈에서 깨어나는 것이니까요. 그것은 먼 미래의 꿈이 아니라 바로 지금 우리의 교실, 교무실이 행복한 공동체가 되는 것에서 시작할 수 있을 것입니다. 그러려면 입시와 성적 중심의 이 학교 체제에 대한 도전 또는 무시가 필요하겠지요. 우리는 우리가 옳다고 믿는 것을 교실에서 가르치고 뜻을 같이하는 선생님들이 모여서 새로운 희망을 실천해야 합니다. 이 오랜 미망迷妄의 체제를 통째로 바꿀 수는 없어도 균열을 낼 수는 있겠지요. 그리고 아이들이 미래의 희망 직업에 도시와 기업만이 아니라 농촌 마을과 들판도 고려할 수 있도록 격려하고 이끄는 것도 우리 세대가 할 일이라고 생각합니다. 고향 없이 자란 요즘 아이들이지만 그들이 스스로 고향을 만들어 갈 수 있는 길을 우리가 터 주어야지요.

요즘, 세상일에 대한 저의 화두는 제도권 학교를 넘어서 새로운 배움과 생활 공동체를 만드는 데 제 힘을 바치는 길을 찾는 것입니다. 제가 유년기를 보냈던 가난하지만 따뜻했던 고향 마을, 그런 푸근한 공동체를 어떻게 다시 회복할 수 있을까. 자연 자원도 일자리도 모조리 거덜 내고 청년 세대를 황폐한 세계에 던져 놓은 기성세대로서 무언가 빚을 갚고 싶습니다. 새로운 세대들이 '오래된' 새 세상을 만들어 나갈 바탕을 마련해 주는 것에 허락된 제 생을 쓰고 싶은 것이 꿈같은 이 세계에 대한 저의 꿈이고 현실입니다.

2011년 12월
부산에서 조향미

'은꽃' 선생님의 '기적'의 나날들

홍은영
경기 안성여중 (현 비룡중)

1

 올해도 꽃피는 춘삼월, 나이 마흔일곱에 조그만 체구, 빛나는 눈, 낭랑한 목소리의 홍은영은 자신의 별명이기도 한 '싸움닭' 기질을 아낌없이 발휘해야만 했다. 학생생활규정 때문이다. 학생생활규정을 학생인권을 존중하는 방향으로 개정하되 반드시 학생, 학부모, 교사들의 의견을 수렴해서 하라는 교육부와 교육청의 지극히 정당한 지침을 놓고 그의 학교에서는 일대 논란이 벌어졌던 것이다. 학교 측은 현 규정에 특별히 고칠 건 없다는 입장이었고 홍은영은 그렇지 않았다. 학생생활규정의 적지 않은 항목이 구시대적인데다 현실성도 없다고 생각해 온 홍은영으로선 상급 기관이 먼저 나서 개정 지침까지 내린 이번 기회를 놓칠 순 없었다. 결국 학생, 학부모, 교사들의 의견 수렴의 필요성과 그 방법에서부터 홍은영들(그러니까 전교조 조합원 교사들)은 학교 측과 사사건건 충돌했다. 학생생활규정 개정과 관련한 어떤 논의도 '공연히 학교만 시끄럽게 만드는 불필요한 것'이라는 교장은 일부 학부모를 앞세워 홍은영들을 공격까지 했던 것이다. '다른 학교는 가만히 있는데 왜 우리 학교만 한다고 해서 한창 공부에 몰두할 시기에 아이들을 들쑤셔 놓느냐', '아이들이 원하는 대로 머리를 기르게 했을 때의 부작용에 대한 대안은 무어냐'는 식으로 말이다. 헌법에 보장된 신체의 자유나 현 규정의 불합리성을 차근차근 설명했지만 학부모 대표 모두를 설득하기란 애초 불가능했다. 어머니회 회장이란 학부모는 결론을 내리듯 홍은영에게 이렇게 "야멸차게" 말했다고 했다. "선생님은 대안 학교에 맞는 분이니 그리로 가면 되겠고, 우리 학교엔 필요가 없습니다." 하지만 정작 문제의 중심엔 교장, 교감이 있었다. 그는 교감과 수차례 항의성 논쟁도 벌이는 한편 '개정'을 위한 의견 수렴의 절차와 방법, 그 개정 방향과 내용의 정당성에 대한 글을 학교 홈페이지에 올리고 도 교육청에는 전화 질의를 하는 방식으로 '싸움'을 전개한다. 그러나 지루하고도 소모적인 공방 끝에 얻어 낸 건 겨우 두발과 복장 규정의 완화. 그건 승리는커녕 상처만 있고 영광은 없는 싸움 아니었을까? 그래선가?

"제겐 살아온 날들이 기적과도 같습니다."

'자신의 삶을 돌아보면?'이라는, 메일 인터뷰의 내 질문에 대한 대답의 첫 마디가 이랬다. 그 말은 그의 삶이 적잖게 신산했다는 고백임과 동시에 자신은 끊임없이 '기적'을 만들어 가는 삶을 살았다는 자부심의 표현으로도 들렸다. 일찍이 대학 시절의 그에게 카프카는 말했던 것이다.

진실의 길이란 한 가닥의 밧줄이다. 그 밧줄은 공중에 쳐 놓은 것이 아니라 땅 바로 위에 쳐 놓은 것이다. 아무래도 타고 건너기 위한 줄이라기보다 그것에 걸려 넘어지라는 줄인 것 같다.

'넘어짐' — 고통과 좌절을 통해 비로소 진실을 발견하고 거기에 이를 수 있다는, 지극히 인간적이고 고전적인 카프카의 가르침을 그는 진작 자신의 '좌우명'으로 받아들였다고 했다. 그래서 그가 할 수 있는 일이란 그것을 넘어서는 '기적'의 창조밖엔 없다는 말일까? 아마도, 그렇다. 왜냐하면 '기적'의 적敵은 저 수상쩍은 안정에의 유혹이며 거짓 평화이기 때문에……. 그런 것들과 벌이는 나날의 싸움, 어쩌면 기약이 없지만 포기할 수 없는 나와의 싸움이야말로 기적 그 자체일 것이기 때문에…….

2

1982년 9월, 제주도 토박이 홍은영이 가정 교사로 처음 발령을 받은 곳은 경기도 소재 연평도라는 작은 섬이었다. 중1부터 고3까지 각 학년에 한 반씩 총 6학급, 전교생이 이백여 명에 열다섯 명의 모든 교사가 관사 생활을 하는 연평중. 성탄절 같은 때는 대통령 하사품이 내려오던 시절이었고 한 달에 만삼천 원의 생명 수당도 받던 그런 학교였다. 많아야 스무 명 남짓한 아이들과 수업을 하니 생활지도는 따로 할 것도 없었다. 특별한 관심을 안 기울여도 자연히 아이들 형편을 훤히 알 수 있었으니 말이다. 중1부터 고3까지 여섯 학년의 가정과 가사를 혼자 맡아 가르치고 시험 문제도 열한 과목이나 냈지만 그런 일들은 "정열과 성실"이 넘쳤을 새내기 교사 홍은영을 오히려 힘 솟게 하였을지언정 고달프겐 하지 못했다.

복병은 다른 데 있었다. 가정 선생이 죄라면 죄였다고 할까? "상식으로는 도저히 이해하기 힘든 일들"이 허구한 날 그를 가로막았다고 했다. 가정 선생을 가정부로 생각하는 학교……! 선생들이 밤참을 해 먹는다고 가사실 그릇을 사용하고는 아무 데나 내버려 놓으면 그걸 찾다 학교 밖에 있는 우물까지 가서 씻어서 정리해 놓아야 했다. 교장은 추석에 귀향을 못 하고 관사에 남아 있는 선생들에게 줄 떡을 가사 실습 때 만들어 놓으라고 했고 ('선생님들이 먹을 음식을 어떻게 정규 수업 시간에, 그것도 아이들 교과 실습비로 만들어라 할 수 있느냐'는 그의 항변은 그저 '세상 물정 모르는 철없는 소리'로 치부됐다), 지들끼리 운동을 마친 남선생들은 술 한잔할 수 있게 요리 좀 해 달라며 그에게 소 곱창을 내밀기도 했다. 신참 교사 홍은영은 그런 요구를 받아들이지 않을 재간도 힘도 없었다. 그런데도 입만 열면 '좋은 게 좋지 않으냐'던 교감은 감사가 나와 가사실 물품이 모자란다는 지적을 하자 그 책임을 홍은영에게로 떠넘기려 들었다.

두 번째 학교인 파주 금촌의 한 중학교에서도 사정은 마찬가지였다. 이를테면 오후 늦게 학교를 방문한다는 인근 부대 장교들을 위해 교장이 시키는 대로 닭볶음탕을 해 놓고 퇴근을 했는데 (근데 웬 군인들이 학교엘?) 다음 날 아침에 출근해 보니 가사실도 교장 관사 앞 우물터도 엉망진창이었다. 음식 찌꺼기가 남아 있는 그릇들과 들통이 아무렇게나 뒹굴고 있었던 것이다. 그런데 망연자실 속이 상해 있는 홍은영을 불러 세운 교장의 질책 – 출근 즉시 깨끗이 치우지 않고 뭐한 거야……? 그런가 하면 '수예 작품은 큰 걸로 해야 한다'며 수예점 주인을 홍은영에게 굳이 소개까지 해 준 여 교감이 있었다. 무슨 꿍꿍이일까, 생각하는 중에 어느 날 수예점 주인은 홍은영을 찾아와 돈 봉투를 내민다. 황당!

"그 봉투를 그대로 교감에게 전해 줬더니 그 후론 저를 대하는 태도가 달라지더군요."

1986년 안성에서 근무하게 된 홍은영은 이듬해 큰 결심 하나를 한다. 마음 맞는 몇몇 동료들과 함께 대한교련(당시엔 유일한 교원단체였는데 교사의 권익 옹호와는 아무런 관련 없는, 교장, 교감, 장학사들의 친목단체 같은 거였다)을 탈퇴키로 한 것이다. '큰 결심'을 했다는 것은 그만큼 탈퇴가 자유롭지 않았다는 뜻인데 지금 보면 어처구니가 없는 일이지만 그땐 그랬다. 대한교련을 탈퇴하려고 하면 서무과장이, "교련회비 안 떼려면 학교를 그만둬"라고 하던 시절이었다.

당시 교련회장이 정치권에 뇌물을 준 사건('돗자리 사건'과 '병풍 사건')이 연이어 밝혀지자 전국적으로 대한교련 탈퇴 운동이 벌어졌다. 홍은영과 동료들도 대한교련을 탈퇴하려고 하자 교장, 교감, 주임 교사들이 줄줄이 나서선 '빨갱이' 운운하며 안간힘으로 탈퇴를 막으려 들었다. 직원 모임 때 한 젊은 남선생이 한 가지 문제 제기를 하자 주임 교사 등 선배 선생들이 우르르 일어나 그를 교장실로 데리고 가서는 무릎을 꿇리고 사과를 종용하는 그런 때였다. 그러나 악화惡貨가 양화良貨를 구축驅逐하기만 하는 건 아니다. 거듭되는 악화는 변혁이라는 양화를 불러오기도 하니까. 그 젊은 남선생은 어느 날 홍은영에게 말한다. "뜻이 맞는 선생님 세 분만 있으면 제가 앞장서서 학교를 바꾸고 말겠습니다." 아무리 십 년 이십 년 가뭄이라도 잘 여문 콩 세 알이 없을까? 홍은영 곁에는 믿음직한 여선생이 둘 있었다. 마침내 정의감으로 의기투합한 네 명의 '동지'들은 함께 밥도 먹고 놀러도 가면서 교내 교사협의회 결성을 도모한다. 때는 1988년, 전국적으로 평교사협의회, 지역별 교사협의회 결성 운동이 요원의 불길로 번져 가던 시절이기도 했지만 그렇다고 아직 봄이 온 건 아니었다. 소왕국의 왕쯤으로 군림해 오면서 마음에 안 드는 교사들에게 서슴없이 "조센징"이라 욕도 하는 교장은 교무실에서 홍은영들을 향해 '교육의 교자도 모르는 ×들이 꼴값을 떤다', '마빡에 대못을 박고 거기에 팻말을 걸어 줘도 못 알아듣는 게 선생이다'는 둥 막말을 마음대로 해 대고도 멀쩡했으니 말이다. 그러나 당시는 역사의 수레가 앞으로만 전진하는 때였다. 누구도 막을 수가 없었다. 홍은영들은 "교장, 교감, 장학사, 일부 충성파 주임들"이 참석 교사보다 훨씬 많은 수로 들어와 있는 한 식당에서의 모임을 가진 후 얼마 되지 않아 안성 지역 교사협의회까지 결성하게 된다.

그로부터 전교조 결성 참여, 대규모 해직 칼바람 앞에서의 갈등과 학교에 남기로 함으로써 받아안을 수밖에 없었던 딜레마와 아픔은 그만의 것은 아니다. 가히 폭발적으로 터져 나온 교사·교육운동은 이미 시대의 대세가 되었지만 정권의 명운을 건 탄압 앞에 마음은 천 리이나 발길은 학교로 돌려야 했던 수천수만 전교조 교사들의 고뇌와 와신상담을 나는 기억한다.

3

홍은영이 학교와 세상의 부조리한 것들과 대면할 때면 어쩔 수 없이 "싸움닭"이 되곤 한다 하더라도 그는 어디까지나 "아이들과 울고 웃는" 인간의 교사이며 구체적으로는 기술·가정과 교사로 살아야 하는 존재다. 교실 수업이야말로 그가 무엇보다도 성심성의껏 일구어야 할 텃밭이고 아이들과 함께 뒹굴어야 할 들판이며 하늘인 것이다. 그러기에 수업을 위한 준비는 꼼꼼하기 이를 데 없고 그 자료는 풍성하기가 잔칫상과도 같다. 그의 일기 한 대목을 엿보기로 하자.

이번에 나는 1학년과 3학년을 맡았다. 봄방학 때 수업 준비를 제법 잘해 둔 덕분에 학교생활이 여유가 있다. (……) 지난해의 지도안을 새로 바꾸고 내용도 덧붙였다. 만화 자료를 다시 만들고 영상 테이프도 몇 번씩 되돌려 보며 학습지를 만들었다. 컴퓨터를 써서 할 수 있는 학습 자료도. 1학년은 첫 단원이 '한국 음식'이라 김치와 된장의 유래와 역사에 대해 알아보고 3학년은 첫 단원이 '가정 자원의 관리와 소비생활'이라 우리나라 여성의 가사 노동 현실과 소비자 피해 사례도 읽어 보았다. 또 아이들이 졸고 있을 때 들려줄 재미있는 이야기나 심리 검사 자료도 모아 두었다.

'가사 노동'에 대한 수업을 마치면서 '어머니'를 주제로 한 글쓰기를 기획하고 아이들로 하여금 발표케 한 수업 장면은 하나의 감동으로 다가온다. 그의 일기를 좀 더 읽어 보자.

수업 시간의 절반은 울음바다였다. 왜 그렇게 구구절절 사연도 많은지……. 밤새워 공장에서 야근을 하는 어머니, 이른 아침부터 밤늦게까지 식당에서 일하는 어머니, 미장원을 운영하는 어머니, 농사를 짓는 어머니, 살림하며 가축을 돌보는 어머니. (……) 아이들 눈에 비친 어머니의 공통된 모습은 자기 시간을 전혀 갖지 못한다는 것과 일하는 시간이 너무 많다는 것, 고생을 너무 한다는 것이었다. 또 지금까지 어머니의 삶은 당연한 걸로 생각해 왔는데 어머니의 삶을 살피면서 그동안 자신이 얼마나 어머니의 삶에 무심했는지 반성했다는 아이도 있었고.

그러므로 그가 자신의 교과에 대해 긍지와 자부심을 가지는 것은 너무도 자연스럽고 당연해 보인다.

"가정 교과는 입시 변두리 과목이다 보니 자꾸 벼랑으로 몰리는 것도 같지만 교과 내용이 우리 일상생활과 밀접해서 아이들과 이야기를 나눌 게 참 많아요. 예를 들면 '나와 가족의 이해'라는 단원은 청소년의 특성, 성과 이성 교제, 가족 간의 의사소통 기법에 관한 것들로 아이들이 생활 속에서 적용할 수 있는 내용입니다. 그런데 사람들은 이런 걸 하찮게 생각하나 봐요. 대학 갈 때 필요한 논술이니 심층 면접이니 하는 것들은 '생각하는 힘'을 평가하겠다는 것이잖아요. 저는 그것을 키우고 실천할 수 있는 교과가 바로 가정 교과라고 생각합니다."

자기 교과를 통해 아이들에게 '생각하는 힘'을 길러 주는 일만큼 교사로서 보람이 따로 있을까? 그런 수업을 아이들이 아주 재미있어한다면 금상첨화! '가정경제의 계획과 관리'라는 단원에서 그는 "아이들이 돈에 대한 바른 생각을 가질 수 있도록 도와주는 일"을 학습 목표로 삼고는 '가치 경매 놀이'로 아이들을 사로잡는다. 1만 원이란 한정된 돈으로 경매장에 나온 가치들, 즉 자유, 대학, 결혼, 가족, 경제력, 친구, 사랑 같은 것들을 계획을 세워 사야 하는 아이들의 흥미진진한 표정은 보지 않아도 눈에 선하지 않은가? 행복한 아이들에 행복한 교사의 교실이 아닐

수 없다.

4

이제 나는 홍은영의 '내가 만난 아이들'에 대해 말해야 한다. 아이들과의 소통이 갈수록 난제가 되고 있는 내게 홍은영의, 만남을 위한 '사랑의 기술'은 또 하나의 기적으로 다가오기 때문이다. 그의 '기술' 혹은 '예술'은 다름 아닌 생활 글쓰기다. 1988년부터 한국글쓰기교육연구회의 열성 회원인 그는 1991년 안성여고에 부임하면서 특별활동 부서로 '생활 글쓰기반'을 만들고 매년 문집으로 그 결실을 담아내 왔다. 학급 담임을 맡을 때는 학급문집을, 신문반 지도 교사가 되었을 때는 신문반 학생들의 글을 문집으로 엮어 냈다. 그는 왜 글쓰기에 천착하는가? 그의 대답은 단순 명쾌하다. 아이들을 만나기 위해서다. 보다 깊게 보다 진실하게 소통하기 위해서다. 요컨대 그는 글쓰기를 통해 '생활지도'를 하고 '상담'도 하고 '사랑'도 나누는 것이다. 아이들이 글을 쓰면 교사인 홍은영도 당연히 하나하나 답글을 보낸다. 엄청난 시간과 정열과 힘이 요구되는 답글 쓰기지만 그것이 바로 '사랑'이고 '교육'이기에 그는 조금이라도 소홀히 할 수가 없다. 그럼으로써 그는 무수한 아이들의 속살 영혼을 만나게 되는 것이니까. 그 만남의 길에는 늘 자신을 나쁜 아이라고 자책하다 못해 자살 계획까지 세웠던 민지가 있고, 일찍 부모를 잃은 탓에 갖은 설움과 고통을 다 겪으며 자랐지만 옆길로 나가지 않고 건실한 노동자로 꿋꿋하게 살아가는 희수와 민혁이 남매가 있는가 하면, 늦은 밤 갑자기 전화를 해서는 '어젯밤에 남자 친구와 첫 관계를 가졌다'

는 긴급 신호를 보내고는 임신 진단기와 피임 도구를 사 달라고 하는 녀석도 있다. 그리고 "세 살 때 빨래 널리고 옥상으로 간 엄마 찾으러 가다가 발을 헛디뎌 다리를 절게"된 인정이, "완전하지 못한 다리여도 / 두 길이는 같다고 / 그것만으로도 행운이라고 / 고맙다는 너" 인정이도 있다. 그러기에 홍은영은 답시答詩도 쓴다.

너는 내 스승이다 / 어지럽고 탁한 세상에서도 / 많은 아픔 이겨 내고 맑은 영혼 잃지 않았으니.

그러나 홍은영에게 마음의 스승이 어찌 인정이 하나뿐이랴. 그가 만난 아이들, 그 아이들의 숱한 아픔과 무궁한 기쁨이야말로 그의 영원한 스승이 아닐 수 없다.

5

홍은영의 수많은 문집 가운데는 1998년 안성여고 1학년 3반 담임 시절에 엮은 《즐거운 편지》라는 편지 모음집이 있다. 거기에는 그가 일 년 동안 아이들과 학부모에게 보낸 편지뿐 아니라 아이들과 학부모로부터 받은 편지들도 빼곡히 담겨 있다. 그는 말하자면 '편지의 명수'다. 편지야말로 아름답고도 훌륭한 소통의 도구이기 때문이다.

"인문계고에선 아이들이 너무 바쁘잖아요. 그래서 대화하고 싶을 때면 편지를 썼지요. 중학교에서 3학년 주임을 할 땐 평소 마음에 담아 둔

아이들에게 편지를 몰래 전해 주기 위해 학생 우체부를 둔 적도 있어요. 우체부는 일주일에 한 번에서 네 번 정도까지 편지를 배달했지요. 그해 졸업식 날엔 졸업생 전원에게 나누어 줄 제 편지를 복사해 뒀는데 교감 선생님이 그것들을 몰래 몽땅 가져가 버리는 해프닝도 벌어졌죠. 내가 항의하니까 편지에 의식화 내용이 있나 봤다더군요."

네이스NEIS(교육행정정보시스템) 정보인권 문제든 방학 중 근무조와 관련한 단체교섭 이행 문제든 전교조의 정책과 사업에도 관심의 끈을 놓치지 않고 조합원으로서 해야 할 일도 결코 소홀히 하지 않는 그에게 새삼스레 전교조의 현실을 어떻게 보느냐고 물었다.

"조직은 커졌는데 처음 때보다 선생님들의 열정은 많이 사그라진 것 같습니다. 생활에 여유가 생긴 탓인지 예전처럼 치열하게 살고 있는 것 같지도 않구요. 혹 전교조에도 자본의 논리가 스며든 것 아닌가요? 힘이 없는 것보단 있는 게 좋겠지만 더 중요한 것은 그 힘으로 무엇을 이루려는지를 거듭 생각해 볼 필요가 있지 않을까요."

6

올해로 경력 23년째인 교사 홍은영은 "내 영혼이 조금씩 자라고 있는 것을 느낄 때와 마음 맞는 사람들과 가슴속에 품은 일들을 행동으로 실천할 때"가 가장 행복하다고 말했다. 그렇다면 '기적'과도 같았다는 그의 삶의 굽이굽이에도 행복은 늘 깃들어 있었던 셈이다. 왜냐하면 그는《데미안》이 가리켰듯 부단히 알껍데기를 깨고 나오는 삶, 양심의 명령대로 행동하는 삶을 살아왔기 때문이다. 생각하면 고단도 했던 삶이다. 그러나 홍은영은 제주도 태생의 시인이자 일찍이 그를 누이동생으로 맞이해 '은꽃'이라 불러 주었던 김승립의 한 편의 시, 바로 '은꽃'에게 바쳐진 그 시를 오늘도 "위로"이자 "구원"이며 "희망"으로 떠올린다.

누이야, 마른 어둠 속에도 눈물 하나이 / 키우는 사랑은 있어 / 새들의 비상은 그침이 없다.

- 〈사랑 - 영이에게〉 중에서

2005년 7월

* 본문에 등장하는 학생들의 이름은 모두 가명입니다.

홍은영의 그 후 이야기

선생님, 어느새 또 한 해가 다 저물어 갑니다. 선생님을 만났던 때가 2005년이었는데 세월이 쏜살같이 흘렀네요. '그날 이후' 제 삶과 생각이 어떻게 달라졌는지 궁금하시다구요? 먼저 제 마음의 바탕을 엿볼 수 있는 일기 한 구절을 소개합니다. 요즘의 삶 역시 당시와 그다지 동떨어진 것이라 할 수 없으니까요.

진실이나 순수가 궁극적 지평이 아니라 하나의 방법적 수단이 되어 버리는 우리 사회의 저열한 현실 앞에 누가 굳건히 버틸 수 있으랴. 현실도 신화의 결말과 다를 게 없다. '프로메테우스의 진실'을 품고 살아가려는 사람들은 불을 훔쳐다 준 대가로 평생 독수리에게 간을 쪼아 먹혀야 했던 프로메테우스의 처지와 크게 다르지 않다. 덧없음과 냉소는 바로 여기서 자라난 것인지 모른다. 그렇다고 이제 와서 그 진실과 순수를 저버릴 수 있으랴. 진실과 순수가 시들어 버린 삶은 허깨비 삶과 무에 다르랴. 그래서 나는 진실과 순수 한 자락이라도 끝까지 붙잡고 싶다. 더욱 삶에 대한 성찰을 게을리하지 말아야겠다.

2005년 11월

선생님이 다녀가신 이듬해 교장 선생님이 바뀌자 칼바람이 불었습니다. 우리는 또 학생생활규정을 두고 지루한 싸움을 되풀이해야 했습니다. 교장 선생님은 취임하기 나흘 전부터 등교 시간을 당신 마음대로 앞당기라고 하더니 규정도 개정하지 않은 상태에서 학생들과 교사를 옥죄기 시작했습니다. 학생의 복장과 머리 모양을 정해 놓곤 '단속에서 걸린 사람은 귀가 조치하고 시정 후 등교한 학생은 정상 처리, 등교하지 않는 학생은 결석 처리한다', '모든 교사들은 방과 후에 특기 적성 지도를 해야 한다' 등. 그런가 하면 퇴근 시간을 연장한 시간표를 일방적으로 발표하고는 부임한 지 보름도 안 되어 교장의 권한 확대, 교사들의 권한 축소가 두드러진 '인사관리 자문위원회 규정' 개정도 불도저처럼 밀어붙였지요. 교사 협의 같은 과정은 단 한 차례도 거치지 않고 말입니다. 급기야 학생들이 나서서 교장 선생님에게 두발 규제에 대해 건의하는 편지도 쓰고 교장실 출입문에 대자보도 붙여 놓고 했지만 소통은 이루어지지 않았습니다. 오히려 아침이면 교문 앞이 살벌해졌습니다. 지각한 학생들에게 '엎드려뻗쳐'나 '어깨동무 오리걸음'을 시켰고 아이들이 지쳐서 주저앉으면 뒤에서 구둣발로 엉덩이를 차고……. 결국 지역신문에서 우리 학교 문제를 기사화하기에 이르렀습니다. 'A여중은 2학기 들어 등교 시간을 앞당기고 단발령을 내리고, 체벌을 가하는 모습이 고발되는 등 진통을 겪고 있다.' 이런 기사와 함께 교사가 학생을 발로 차는 모습과 머리를 잡은 채 허리를 손으로 때리는 사진까지 실렸지요. 장난치다 교사에게 매 맞은 학생들이 신문사를 직접 찾아가기도 했고요.

이때 저는 교사들만 볼 수 있는 학교 게시판에 '규정 먼저 개정하고 실시해 주시기 바랍니다', '교원의 근무시간은 고무줄이 아닙니다', '교장의 권한에 대해', '함께 공부하면 어떨까요?'라는 제목의 글을 올렸는데 학교장은 저에게 '경고장'을 날리더군요. '교사 의견으로 가장하여 학교장의 업무를 훼방하고, 인격을 폄훼하며, 사실이 아닌 근거로써 학교장의 임무를 왜곡할 수 있도록 게시하고 선동하여 문제를 야기' 운운하며 말이죠. 거기에 굴복할 순 없었습니다. 제 의견을 쓰고 또 썼지요. 그 사이 학생, 학부모, 교사 대표들이(저는 학생 측 교사 대표로 참여) 두 번에 걸쳐 두발 규정 회의를 했지만 '위반자가 5퍼센트 이상 나올 때는 교장 마음대로 머리 모양을 정할 수 있다'는 독소 조항까지 모두 집어넣은 채 옆머리에 층이 없는 긴 머리를 허용하는 것으로 결론이 났답니다. 그 후에도 학교장의 일방적 학교 운영은 계속되었고 우리도 저항을 멈추지 않았습니다.

이렇게 지내다 2007년에 전체 6학급의 시골 학교로 자리를 옮겼습니다. 이전 학교에 견주면 평화로운 학교였습니다. 무엇보다 출근길 교문 앞 풍경이 예전과 달라 좋았습니다. 교문 앞을 지키는 선도부 학생도 없었고 복장이 어떠니 머리 모양이 어떠니 하면서 악다구니 치는 교사도 볼 수 없었으니까요. 업무를 처리하는 시간은 늘어났지만 학생 수가 적고, 수업 시수도 적어서 학생들과 눈 맞출 수 있는 시간이 많아서도 좋았습니다. 학생들에게 좋은 글을 읽어 주고, 글쓰기 지도를 하며 학생들 마음을 살피고, 종종 학생들 미니홈피에 찾아가 조언도 하고, 이따금 문제가 생기면 우르르 몰려와 참새처럼 재잘거리는 학생들 얘기를 들어 주고, 도벽이 심한 학생과 집단 따돌림의 상처로 교실에 들어가지 못해 학교 주변만 맴도는 학생을 꾸준히 보살피며 변화를 지켜보던 시간들……. 비록 몸은 고단했지만, 보람과 존재감을 느낄 수 있었습니다.

그러다 올해 다시 학교를 옮겼습니다. 전교생이 1,000여 명 되는, 28학급인 학교로. 업무 분량이 줄어든 대신 학생 수가 한 학급에 열다섯 명 정도 늘고, 주당 수업 시간이 5시간 더 늘어난 것뿐인데, 저는 30년 다 되어 가는 교단생활 중 가장 힘든 한 해를 보냈습니다. 이계삼 선생님이 《교육 불가능의 시대》에서 묘사한 교실 풍경이 날마다 되풀이되었습니다. 학생들과 소통이 잘 안 된 해였습니다. 학생들은 고슴도치마냥 잔뜩 적대감의 가시를 세우고, 누구의 말에도 귀 기울이려 하지 않아 안타까웠습니다. 몇몇 학생들은 아예 교사인 저를 유령 취급하고, 수업 시간을 너저분하고 소란스러운 저들 세상으로 만들며 수업을 방해해서 아주 곤혹스러웠습니다. 좋은 글을 읽어 주어도 시큰둥하고, 학급일기에도 대부분 친구에 대한 욕이나 험담을 써 놓아 도중에 그만두어야 했습니다. 입만 열면 장난이라며 친구들을 놀리고, 비웃고, 지우개나 종이를 잘게 잘라 던지거나 몸을 툭툭 치는 것을 보고 있노라면 격렬한 몸싸움으로 번지지 않을까 늘 조마조마했습니다. 상·벌점제도의 영향인지 학생들은 걸핏하면 '상점 주세요'라는 말을 입에 달고 살고, 대가 없이는 움직이려 하질 않더군요. 이런 와중에도 한두 시간만 열어 보지 않아도 학교 메신저에는 이걸 해라, 저걸 해라 하는 전달 사항이 수북이 쌓이곤 하더군요. 학생과 교사는 하루를 꽉 짜인 시간표에 따라 기계 부속처럼 일사불란하게 움직여야 했습니다. '두더지 게임'의 두더지들처럼 하나를 처리하면 다른 하나가 툭툭 불거져 나오는 크고 작은 사건 사고와 그 뒤처리 과정들……. 화장실 갈 겨를도 없을 만큼 늘 일과 시간에 쫓기는 나날이었습니다.

그런데 학교 문제가 불거질 때마다 언론은 그 원인을 학교와 학생인권조례 탓으로 돌리더군요. 경쟁을 부추기는 사회구조는 그대로 둔 채, 힘의 논리가 판치는 사회현상은 바꾸지 않은 채 말이지요. 이런 현실이 무척 답답하고 속상하지만, 아직은 교육에 대한 희망을 놓아 버리고 싶지 않습니다. 그게 비록 실낱같을지라도. 은행 열매의 쭈글쭈글하고 구린내 나는 누렇고 딱딱한 껍질이 여리고 푸르른 알맹이를 보호하는 장치이듯이, 내가 만나는 학생들의 거칠고 고약한 말투와 지랄 맞은 행동이 경쟁의 벼랑으로 내몰린 자의 자기 보호색, 또는 절규일지 모른다는 생각을 하면 가슴이 서늘해지고, 내가 무얼 해야 할지 고민하고 그 해결 방법을 찾아보게 되니까요.

선생님, 이 글을 쓰다 보니 새해가 되었네요. 새해에는 서로의 아픔에 더 많이 공감하고, 서로의 삶을 더 많이 존중하는 사회가 되고, 스스로 목숨 끊는 학생들이 더 이상 나오지 않게 세상이 좀 더 나은 쪽으로 나아가길 빌어 봅니다.

2012년 1월
안성에서 홍은영

래디컬한 인문주의자가 된 까닭

이계삼
경남 밀양 밀성고 (현《오늘의 교육》편집위원)

1

  2009년 시월의 마지막 토요일, 나는 그를 어둠이 내린 밀양역 광장에서 만났다. 일박 여로의 숙소로 잡아 두었다는 근교 산속 외딴집을 향해 달리는 승용차 안에서 나는 그의 글 '다시 읽는《죄와 벌》'을 떠올렸다. 그 에세이는 그가《우리교육》에 연재한 〈변방의 사색〉이라는 꼭지의 글 중 하나(2007년 9월호)로서 그해 '지독한 여름'의 쓰디쓴 '사색'의 열매였다. 나는 그가 몇몇 매체에 기고해 온 적지 않은 칼럼과 에세이를 읽은 바였지만 유독 그 글이 마음에 옹이처럼 박혀 있었다. 아직, 방년, 30대 중반의 국어 교사 이계삼이 통과했던 그해 여름은 어떠했던가……?

  그가 방학에도 보충수업 때문에 거의 매일 학교로 출근하는 동안 나라 안은 〈디워〉라는 영화에 대한 논쟁이 인터넷을 뜨겁게 달구는가 하면 윤도현 같은 가수까지 참여한 가히 '엽기적인 축제'라 할 '새만금 록 페스티벌'이 열리기도 했다. 그리고, 한편으로는, '슬픈 소식이 끝없이 이어지고 있었다'고 그는 썼다. 다른 무엇보다 경기도 의왕에 있는 원진산업에서 불이 나 나이가 '73세, 64세, 62세, 61세, 60세, 60세인 여섯 명의 할머니 노동자'들이 참변을 당했는데 그 노인들은 '하루 16시간 일하고 주말까지 잔업을 하고서야 한 달에 80~90만 원'을 받았고, '아프가니스탄에서 인질로 억류된 스물세 명 중 두 명이 석방되고 두 명은 총살'을 당했던 것이다. 그리하여 그는 도스토예프스키의《죄와 벌》을 다시 읽으며 '세상에 절망하고, 약한 이들의 고통에 슬픔을' 가눌 수 없었기에 '세상의 어둠을 걷어 내'고자 살인을 감행한 라스콜리니코프를 '몽상'한다.

그해 여름의 한국은 '죄'와 함께 '벌'도 달게 받은 불꽃 같은 영혼의 라스콜리니코프도, 자신에 처절하게 절망하여 끝내 권총 자살로 생을 마감하는 악한 스비드리가일로프조차 없는, 그가 《죄와 벌》의 예심 판사 포르피리의 말을 인용한 대로, '인간의 마음이 혼미해진 시대, 편안함이야말로 인생의 전부라고 선전되는' 그런 곳이었다. 그랬기에 그해 여름 이계삼은 '소냐의 사랑보다 라스콜리니코프의 분노와 슬픔' 때문에 '여러 번 길을 잃'기도 했던 것이다. '분노도 슬픔도 없는 사회, 오직 지칠 줄 모르고 낄낄대는 정력만이 남아 있는 사회의 한여름에' 그는 라스콜리니코프처럼 신음하며 외친다. '신은 어디 있는가. 잘못은 신에게도 있다.'

2

신은 어디 있는가……? 그러나 교사 이계삼의 그 같은 절규는 아직 2007년 여름의 일이었다. 그 후 무슨 일이 일어났던가? 새 정부가 들어섰고, 민주주의의 시계는 거꾸로 돌아갔고, 학교 현장만 두고 본다면 '자율과 경쟁'이란 깃발을 앞세운 시장 논리 일변도의 교육정책과 교사의 교육권과 시민권에 대한 상상을 넘어서는 통제와 억압이 여지없이 자행되었다. 국가 수준의 학업 성취도 평가(일제고사)의 전면적 시행에 맞서 비판에 앞장섰던 교사들은 대번에 목이 달아났고, 합법 교원단체인 전교조의 활동에 대해서는 정권 차원의 탄압과 공격이 전방위적으로 가해졌다.

'우리는 민주주의를 가르치고 싶다.'
'헌법에 명시된 표현의 자유를 보장하라.'

교사들이 거리로 나서 이렇게 외치지 않을 수 없는 세상이 20여 년 만에 다시 온 것이다. 정부의 몇몇 주요 정책에 대한 비판과 각성 촉구를 담은 '교사 시국선언'을 주도한 혐의로 전교조 집행부 교사들은 검찰에 소환당했고 법정에 서야 했기 때문이었다.

그날, 밀양 근교 캄캄한 산속 외딴집, 그러니까 난장의 세상사와 절연된 듯한 허허로운 공간의 여주인장이 차려 낸 밥상은 현미밥에 나물, 된장, 김치, 두부가 전부인 성찬이었다. 식사를 끝내자 이계삼은 작은 배낭에 준비해 온 술병을 꺼내 놓고는 긴한 숙제를 앞둔 사람처럼 서둘러 말문을 열었다. 어떤 전의戰意마저 엿보이는 그의 태도는 '탐구자' 역을 하게 된 나에 대한 배려 이상의 무엇으로 다가왔다.

"일제고사는 공교육 시장화의 첨병입니다. 정상적인 고교 교육은 입시 때문에 진작 망가졌고, 이젠 일제고사가 중학교에 더해 초등학교까지 망가뜨릴 것이 불을 보듯 뻔한데 우리는 무얼 하고 있는 걸까요? 일제고사 칠 때마다 싸워야 하나, 언제까지 이래야 하나, 생각하면 절망이 앞서는군요."

그의 일성은 이랬다.

일제고사—그러니까 교사 이계삼은 교육 현장의 가장 큰 당면 과제를 끄집어낸 셈이었다. 그렇다면 그와 동업자인 나는 무얼 했던가? 일제고사 며칠 전 그것의 반교육성을 알리는 피켓을 들고 교문 앞 1인 시위를 한 번 하고는 시험 당일엔 얌전히 감독에 들어갔다. 무력하기 그지없었다. 그럼 그 '우리' 중의 한 사람인 이계삼은……? 그는 2학기 개학 후 지금까지 근 두 달 동안을 '일제고사 투쟁'에 아주 '매진'했다고, 가만히 있을 수가 없었다고 말했다. 먼저 그는 일제고사에 대한 공부를 했다. 굳이 묻진 않았지만 그의 평소 학구열로 보아 국내외 관련 논문과 책들을 섭렵했으리라. 그런 다음 그는 강의안을 만들고 전교조 경남지부를 찾아가 일제고사의 문제점을 알리는 강사를 자청했다. 그리고 두 달 동안 경남 지역 12곳을 다녔다. 수업을 다 마치고 승용차도 없이 동분서주한 강행군이었다. 대상은 교사와 학부모였고 그 수가 많거나 적거나 상관없었다. 학부모들은 진지하게 그의 강의를 듣는 반면에 교사들은 그의 눈을 일견 피하는 것 같았어도 상관없었다. 한 신문의 칼럼에는 이렇게도 썼다.

일제고사 시행 1년도 채 안 되어 대한민국의 모든 초등학교, 중학교가 일제고사 앞에 무릎을 꿇었다. (……) 믿을 수 없다. 영혼이 있는 사람이라면, 어떻게 초등학교부터 고등학교까지 12년간 골백번도 넘는 시험을 치르게 하고, 방학을 빼앗고, 친구와 놀이와 사색과 번민과, 사람이 사람으로 살 수 있게 하는 이 모든 것을 다 빼앗아 버리는, 집단 가학과 다름없는 일들을 교육정책이랍시고 공표할 수 있는 것인지…….

또한 일제고사 당일엔 시험을 거부하고 체험 학습에 나선 밀양 지역 학생들과 함께하기 위해 그는 연가를 신청했다. 학교 측이 그의 연가를 곱게 봤을 리 없다. 짐작건대 그는 징계 위협에 직면해 있음이 틀림없었다. 그러나 정작 그를 고뇌로 몰아넣은 것은 일제고사 태풍이 몰고 올, 이미 몰고 온 심각한 교육적 폐해, 심각한 아이들의 고통이라는 사실 또한 분명해 보였다. 여하튼, 그날 그는 그랬다. 불의하고 부조리한 세상을 향한 라스콜리니코프의 분노는 고리대금업자 노파를 살해하는 가파른 정신적 모험으로까지 그를 몰아갔다. '살인자' 라스콜리니코프가 아니라 '수난자' 라스콜리니코프의 영혼을 '몽상'했던 2007년 여름의 '인간 이계삼'을 떠올리며 나는, 2009년 가을, 아이들의 영혼을 병들게 하는 일제고사를 막을 수만 있다면 무슨 짓이라도 감행할, 아니 그 어떤 수난도 달게 받을 인간의 '교사 이계삼'을 또한 문득 상상했던 것이다.

3

아니다.

혹시나 해서 하는 말이지만 그는 우울한 몽상가도 아니고 젊지만 근엄한 철학자도, 그 무슨 아나키스트도 아니다. 경남 하고도 밀양, 그러니까 '비평준화 지역의 2등 그룹에 속하는 밀성고등학교'라는 인문계 고의 '평반', 그러니까 '우수반'이 아닌 '보통반'을 주로 맡아 온 교사 이계삼은 여느 선생들과 다를 바 없이 보충수업에 야간 특별 수업까지 포함해 주당 26시간을 해치우면서 도서관 담당자에 학교 신문 편집자에, 천성적으로 장난-'농담 따먹기'를 좋아하는 자칭 '썰렁 개그의 달인'

일 따름이다. 그런가 하면 논술 관련 수행평가를 위해 '두 달에 한 번씩 200권 가까운 노트를 읽고 짧은 논평을 달아 되돌려 주는, 체력의 한계를 느낄 정도의 격무'도 '갈수록 즐겁게' 해치우기도 하지만 말이다. 또한 그의 반 문집의 앙케이트 코너에 따르면 그가 남긴 유행어 중의 하나는 '공부 쫌 해라'라는 따위의 시시한 것이기도 하고, 아이들 눈에 비친 그는 '다시 3.1운동이 일어난다면 제일 먼저 뛰어나갈 것 같은 선생님'이자 '교무실에 잡상인이 오면 물건 제일 많이 살 것 같은 선생님'인 것이다.

"저는 아이들과 함께 뭘 먹는 걸 참 좋아합니다. 그래서 담임 맡은 반 아이들과 1년에 몇 번씩은 저희 집에서 같이 밥을 해 먹으며 놉니다. 그리고 일 년에 네댓 번 정도는 토요일 3, 4교시에 모둠 비빔밥을 해 먹습니다. 야간 자율 학습 감독이 있는 날에는 모둠별로 짜장면을 먹거나, 분식집에서 김밥 따위를 사서 같이 나눠 먹습니다. 제가 아이들에게 먹을거리에 헤픈 호구로 인식될지라도 괘념치 않으려 했습니다. 제가 아이들에게 특별히 자애로워서가 아니라, 천국이란 따로 있는 게 아니라 어울려 밥 먹는 곳에 이미 와 있다는 제 믿음 때문입니다. 아닌 게 아니라 아이들 또한 학년이 끝나면 그 시간을 가장 행복했던 시간으로 추억합니다."

그는 끝내 현실화되고 있는 교원평가를 우려하고 비판하는 어떤 글에서는 이 같은 고백도 했다. 교원평가가 수업 평가뿐 아니라 교사의 이런 저런 모든 자발적인 교육적 활동까지 일정한 수리적 잣대로 평가하는 것으로 가게 된다면 그가 아이들과 함께 밥을 먹는 그런 '선의로 벌였던 일'들은 아마 못 하게 될 것이라면서. 왜냐하면 그가 교사가 된 것은 무엇보다도 '다른 눈치 보지 않고 제 철학과 양심에 근거해서 아이들을 가르칠 자유'를 구현하고 싶어서였고, 그 자유의 지평에서 비로소 아이들과 교사가 함께 '행복'해질 수 있다는 소신 때문이었다 말하고 있으니까.

그러고 보면 그를 그냥 보통 교사라 말하긴 어렵겠다. 그렇다. 그가 말하고 있는 것은 '자유'이고 '철학'이고 '양심'이 아닌가. 참된 '행복'을 그는 말하고 있는 것 아닌가. 인간의 조건으로서 당연하고 자연스럽다 할 '자유·철학·양심'은 오히려 거꾸로 아주 특별하고, 세상사 자연에 반하는 무엇이 되어 버린 시대, 가난한 '행복'보다는 쾌락과 안락의 풍요가 최고 가치가 된 불행한 시대에 우리는 살고 있다 해야 하니까. 그래서였을까?

"선생이 되어 아이들과 만나면서 저는 더욱 래디컬radical해졌습니다."

래디컬……? 근본? 과격? 급진? 그런데 아이들과 만나면서 더욱 래디컬? 어찌하여……? 나는 묻고 있었다.

4

1973년 생. 고려대 국문학과 91학번. 대학 4년 내내 '학생운동'을 했다. 야학, 학생회, 문학 동아리, 진보적 정당 추진위원회 등의 활동으로 눈코 뜰 새 없는 나날을 보냈다. 함께한 사람들이 좋았다고 했다. 《씨올의 소리》의 함석헌, 《녹색평론》의 김종철, '민들레'라는 작은 교회의 목사 최완택, 그의 석사 학위 논문의 작가이기도 한 권정생 같은 정신적 스승도 물론 가까이 있었다. 그런 한편으로 그는 대안 교육의 긍정적 가능성을 찬찬히 지켜보고 또 경험할 기회도 놓치지 않았다고 했다. 그럼에도 그는 대안 교육이 아니라 공교육 현장으로 가기로 맘먹고 교육대학원을 거쳐 교사가 된다. 그는 말했다. '대안 학교의 유별나거나 특별한 아이들이 아니라 평범한 민중의 아들딸을 우연으로 만나고 싶었다. 그것이 창조적이라 여겼다.' 오로지 아이들만을 생각하며 교단에 선 셈이다. 그러나 아이들도 학교도 그것만 따로 존재하지 않는다는 사실을 새삼 확인하는 데는 오랜 시간이 걸리지 않았다. 학교는 병든 사회의 축소판이었고 그 속에서 음양으로 고통받는 것은 누구보다 아이들이었다. 교사로서 첫발을 내디딘 경기도 김포의 한 사립학교 재단은 그의 '상식적인 분노'를 촉발시킨다. 그는 온갖 부정과 비리와 몰상식에 맞서 외롭고도 '엄청 힘들게' 싸워야 했다. 부임 2년 만에 그가 학교를 떠난 후에야 양심선언을 하고 분기하게 되는 선배, 동료 교사들은 혈기방자해 보이는 젊디젊은 그를 선뜻 가까이하지 않았다. 그런 와중에 그의 부친과 형님은 함께 서울 세브란스 병원에서 사경을 헤매고 있었다. 그 무렵 그가 오간 학교-병원(가족)은 불가佛家에서 말하는 '불타는 집三界火宅'과도 같았던 것일까? '아수라 지옥'이 따로 없었다고 그는 회상했다.

"그렇지만 교실에서는 행복했습니다. 아이들이 그 아수라에서 저를 구원해 주었지요. 그곳 학교를 떠나올 때도 그들은 제게 뜨거운 우정을

보내 주었습니다."

그가 밀양으로의 귀향을 결행한 것은 2002년 봄, 부친과 형님이 잇달아 저세상으로 먼저 떠나버린 직후였다. 변방인 소도시 고향에서 뿌리내리고 싶었고 '일생 동안 부대낄 구체적인 이웃'을 가지고 싶었다. '다시는 돌아오고 싶지 않았던 곳'이기도 한 고향을 이제는 '내가 가르친 아이들 중 누구라도 되돌아와 살 만한 곳'으로 만들고 가꾸고 싶었다. 그는 그래서 모교인 밀성고에 새 둥지를 텄던 것이다.

"여기서도 저는 행복합니다. 시골 아이들이라 착하기도 하고요. 그런데 그 좋은 아이들의 태반이 졸업을 하면 갈 곳이 없더군요. 일자리가 없어 타락하는 아이들도 적잖게 보았습니다. 그래서 세상을 향한 분노가 커졌지요."

5

그러니까 세상을 향한 그의 이유 있는 분노야말로 그가 '아이들 때문에 더욱 래디컬'해진 까닭인 것이다. 결국 그랬다. 보다 '근원'적인 인간적 진실과 사회적 정의를 앙망하기에 바로 그런 가치가 짓밟히고 왜곡되고 외면당하는 수많은 현장으로 '교사' 이계삼은 바람처럼 달려간다. 어쩌면 '과격'하게, 어쩌면 '급진'적으로. 왜냐면 그 진실과 그 정의를 향한 관심과 분투야말로 아이들의 인간다운 삶, 그 행복에의 문을, 틈새를 열어 나가게 할 수 있으리라 믿기 때문이다.

보라.

어느 해 5월 봄날의 휴일 그는 경기도 평택 대추리 마을로 들어선다. 거기엔 미군기지 때문에 쫓겨나는, '보상금도 필요 없으니 농사만 짓게 해 달라'고 호소하는 농민들이 있었고, 그 마을 코흘리개 아이들의 보금자리인 '대추분교'가 굴착기로 '폐허'로 변해 있었다.

어느 해 초여름 부산에서 지율스님을 처음 만난 이후 그는 경부고속철도의 천성산 통과를 막기 위한 그 유명한 '도롱뇽 소송' 투쟁의 한 일원이 된다. 어느 해 가을, 그는 밀양 시청 출입구 쪽에 서 있다. 시청 앞마당엔 농민들이 쌓아 놓은 쌀가마가 산더미였다. 그날은 한미 FTA 쌀 협상안 국회 비준과 추곡 수매 중단에 항의하는 전국적인 농민 집회가 열리고 있었다. '흙을 신앙'하기에 '아이들을 흙으로 되돌려 놓지 않고서는 (장래에 대한) 그들의 불안과 좌절은 출구를 찾을 수 없을 것'임을 믿는 교사 이계삼이 학교에만 박혀 있을 수는 없는 노릇이었다. 2008년 여름방학 며칠 동안엔 그는 장기 투쟁을 하고 있는 비정규직 노동자들의 천막 농성장을 방문-순례한다. 서울 기륭전자, 부평 GM대우, 다시 서울의 이랜드와 KTX와 코스콤…… 저마다 1,100일, 290일, 900일이라는 믿기 힘든 수많은 날들을 악천 고투해 온 비정규직 노동자들에게 그가 연민과 연대의 작은 손을 보태는 것도 명백하게 이유가 있다. '비정규직은 아이들의 미래를 에워싸고 있는 가장 강력한 현실'이며, '그들을 지금 우리가 지켜 주지 못한다면, 어느 날 우리는 헤어날 수 없는 깊은 수렁에서 허덕이는 우리들 자신을 발견하게 될 것'이기 때문이다. 그가 '물신의 제국 삼성'에서 노동조합을 만들려다 감옥에 갇힌 '김성환 위원장'에게 면회를 가고 '무노조 경영'을 자랑처럼 내세우는 '삼성과 이건희의 숱한 범죄적 행각'에 자신의 펜 끝을 겨누는 것도 마찬가지 이유에서다. 갈수록 물신의 힘이 강해지는 이 정글 세상은 어쩔 수도 없이 바로 '우리 아이들'의 삶의 터전 아닌가……!

6

아이들과 함께는 '그저 즐겁고 행복'하고, 불의한 세상을 향해서는 '래디컬'한 교사 이계삼은 2004년 겨울, 초유의 한 사건의 파고를 고통스럽게 넘어야 했다.

밀양연합이라는 고교생 폭력 집단의 조직원 41명이 두 여학생을 1년 동안 협박, 학대, 금품 갈취, 윤간했다. 이들은 성인 폭력 조직과 연계되어 체계적인 조직으로 움직이며, 몸에는 흉측한 문신도 새기고 있다.

이런 끔찍하기 이를 데 없는 내용의 기사는 '진실'과는 거리가 멀고 '사실'도 왜곡·과장된 것이었지만 어쨌든 그 사건에는 이계삼의 학교 제자 몇이 관련되어 있었다. 온 나라가 발칵 뒤집어졌고 사람들은 모종의 공포를 느꼈으며 온갖 분노와 저주와 한탄과 욕설이 밀양을 향해 퍼부어졌다. 이계삼은 그 사건의 충격이 서서히 가라앉기 시작한 다음 해 초순, 소년원에 갇힌 한 제자에게, 《당대비평》의 지면을 빌려, 공개편지를 쓴다. '죄인의 마음으로' 써 내려간 편지의 제목은 '죄인의 슬픔, 시대의 악령'이었다.

B, 너는 불쌍한 놈이다. 너는 주체적인 행위자가 아니라, '아무것도 모르고', 이 세태의 폭력과 야만을 운반한 불쌍한 놈이다. 옥방에서 너는 이 사실을 깨달아야 한다. 그때 너에게 참을 수 없는 부끄러움이 밀려올 것이다. 인간의 법보다 훨씬 더 크고 높은 것의 심판이 느껴질 것이다. 그때 너는 참회해야 한다. 그러나 나는 두렵다.

왜냐하면 '이 사회는 너(B)를 참회시킬 능력도 자격도 없'기에, 그러므로 '다만 너는 스스로 참회해야 한다'고 교사 이계삼은 말할 수밖에 없기 때문이다. 그가 진정 아이에게 하고 싶었던 또 다른 말은 '힘없는 사람, 여성, 공부 못하는 학생, 가난한 사람, 장애인들을 위한 배려가 거의 없는 전형적인 남성 가부장의 도시, 다방과 단란 주점과 룸살롱은 넘쳐나는데 여성이나 장애인을 위한 공간은 하나도 없는 도시'인 밀양에서 '너'는 태어났고 결국 '너도 이 세태의 뚜렷한 희생자'라는 사실이었다. 그래서 그의 편지는 이렇게 끝맺는다.

B야, 그래서 나는 기도한다. 네가 나에게 보여 준 그 '순진한 미소'에 기대어, 부디 네가 참회의 길에 설 수 있기를. 할 수만 있다면 네가 고향 마을을 지키며 네 마을 앞을 흘러가는 그 아름다운 강의 지킴이로 살아갈 수 있기를. (······) B야, 불탄 자리에는 무엇이 돋아날까. B야, 약속하마. 봄방학 때, 네 친구들의 글이 담긴 문집을 들고 네가 있는 곳으로 면회를 가마.

교사 이계삼의 래디컬한 정신은 늘 이렇게 인간의 근본 문제와 대면하

는 인간적 고뇌와 성찰, 동전의 양면일 따름인 것이다.

7

밀성고 재학 시절 이계삼은 모의고사 성적이 내려가면 매타작을 해 대는 학교가, 선생님들이, 싫었다. 그런데 '손에서 책을 놓지 않는 한 선생님'이 계셨다. 전교조 활동을 하시는 분이었다. 대학을 졸업하고 '공교육 현장'에서 일하기로 결심하면서는 타르코프스키 감독의 영화 〈희생〉을 자주 생각했다. 죽은 나무에서 싹이 트는 영화······. '고통을 감내한 사람들의 숭고한 영혼에 경외감을 느낀다'는 그는 포기하지 않고 지속적으로 정성 들여 물을 주면 죽은 나무도 살려 낼 수 있음을 학교에서 확인하고 싶었다. 또한 장 지오노의 《나무를 심는 사람》처럼 전교조 나무를 키워 가며 그렇게 아름다이 늙어 가고도 싶었다. 그러나 머잖아 그는 지금의 현장을 떠날 모양이다. 아니 변신을 도모하고 있다. '농업과 인문학이 결합하는 새로운 교육의 장'을 만들고 싶은 것이다. 그의 오랜 소망인 셈이다. 부지 같은 것도 봐 두는 중이라고 했다. 그곳에선 '사람 만드는 일'이라는 매우 고전적인, 지금은 웃음거리처럼 되어 버린, 그가 생각하는 교육의 본질이 환히 꽃피게 될까. '거대한 욕망의 시스템 그 자체'인 한국의 교육제도에 절망해 본 적이 있는 사람이라면 그의 '소망'에 일단은 마음을 함께하게 될 터이다. 어느 지면에 그는 이렇게 썼다.

나는 인간 정신이 온전하게 존립할 수 있는 유일한 조건은 가난과 결핍과 힘없음이라고 믿는다. 지금 이 땅에서 가난과 결핍과 힘없음을 긍정하는, 그리하여 진정한 배움을 추구하는 교육기관은 존재하는가? 안타깝지만 거의 사라져 버리고 말았다.

그러기에 그는 소망한다.

학교의 조그만 귀퉁이라도 좋고, 배후의 농촌에 있는 실습지라도 좋다. 아이들이 호미와 괭이를 들고 땀을 흘릴 수 있도록 해야 한다. 후진 산업 사회에서 유기농업의 선진국으로 거듭나고 있는 쿠바처럼 초등·중등·고등교육의 모든 과정 속에 농업 관련 이론과 실습을 의무화해야 한다.

오늘의 교육과 사회 현실을 바라보면 참으로 요원한 얘기, 몽상에 가까운 소망이다. 그러나 교사 이계삼은 그 '사라져 버린 것'에, 그 '죽은 나무'에, 뜻을 함께하는 벗들과 힘을 합쳐, 지쳐 나가떨어지지 않고, 연면히, 물을 줄 수 있는 교육 공동체, 사람다운 삶의 공동체를 꿈꾸고 있는 것이다. 어쩌면 내가 글을 쓰고 있는 이 일요일의 오후 시간에도 '오랜 습관이자 취미'의 멋진 도구인 자전거로 밀양 시내 구석구석을 어슬렁어슬렁 돌아다니면서 말이다.

2009년 10월

이계삼의 **그 후 이야기**

 오늘 야자 끝내고 아이들과 함께 근처 치킨집에서 닭똥집 튀김과 닭 꼬지를 푸짐하게 시켜 놓고 콜라로 건배하며 성탄절을 자축했습니다. 헤어질 때가 되자 아이들은 지들끼리 뭐가 그리 신이 나는지 환호를 지르며 밤길을 뛰어가더군요. 저는 그 소리가 메아리를 울리며 잦아드는 것을 들으며 자전거를 타고 집으로 돌아왔지요.

 밤이 깊었네요. 이제 2011년, 제 교단생활의 마지막 학기가 저물고 있습니다. 지난 11월 22일, 한미 FTA가 날치기로 통과된 이후로 한동안 아무것도 하기 싫을 정도로 심적으로 지친 나날을 보냈습니다. 그래도 다음 국회로 넘길 수 있으리라는 가느다란 기대가 있었는데, 엉망이 되었군요. 지역에서 수요일, 금요일 저녁마다 영남루 앞 계단에서 저희 '너른 마당' 벗들과 함께 한 시간 동안 촛불을 들고 가만히 서 있는, 묵언 시위를 하고 있습니다. 뭐 거창한 대의명분이 있어서는 아닙니다. 이렇게라도 하지 않으면 안 될 것 같아서요. 지옥문이 활짝 열렸는데, 여기가 지옥임을 만인이 인정할 때까지 세상은 이리 평온할 것입니다.

 선생님, 선생님을 만난 '그날 이후 가장 큰 변화'를 물으셨네요. 선생님께서 잘 아시잖습니까. 공교롭게도 선생님과 밀양에서 하룻밤을 지내고 얼마 뒤, 우리교육 구조조정 사태가 시작되었고 거기에 저와 선생님이 한 중심에 서서 지독한 싸움을 했고, 그 과정에서 의기투합한 친구들이 '교육공동체 벗'을 만들었고, 《오늘의 교육》을 펴냈고, 방방곡곡에 벌써 500여 명의 조합원이 모였고, 저도 선생님도 여기저기 돌아다니며 '벗'들을 모으고 있는 일들까지 저나 선생님 모두 서로 잘 아는 것이니 그 경과는 생략하지요.

선생님, 저는 지난 12월 16일 자로 학교에 사직서를 제출했습니다. 그리고, 2월 말이면, 제 교직생활은 완전히 끝을 맺게 됩니다. 허술하기야 이루 말할 수 없었지만, 어쨌든 저 자신 하루하루 꽉꽉 채워서 살았기에, 미련도 없고 후회도 없습니다. 교직생활을 그만둔 그 자체로는 조금도 아쉽지 않습니다. 좀 시건방진 얘기가 되겠지만, 《녹색평론》에 소개되는 금융 관련 글들을 골똘히 읽다 보면, 오늘날 화폐경제라는 것 자체가 하나의 거대한 사기에 기초해 있고, 결국 거품이 꺼졌을 때 우리가 그토록 애달아 하는 이 '돈'이라는 것 또한 서서히 휴지 조각처럼 무의미한 존재로 본래의 자리로 되돌아갈 가능성이 크기 때문에, 학교를 그만둠으로써 받게 될 경제적 타격 또한 크게 두렵지 않습니다. 먹을거리 거두어 먹을 두 손과 튼튼한 두 발만 있으면, 발 딛고 설 농토가 있고, 책 읽고 글 쓸 힘과 용기만 있으면 되겠지, 저는 태평합니다. 다만, 오늘 같은 날은 마음이 좀 무겁지요. 치킨과 닭똥집으로 배를 채운 아이들이 지네들끼리 환호를 지르며 밤거리를 뛰어가는 소리가 아마도 선생을 그만두고 아이들이 그리울 때 환청처럼 저를 괴롭힐 것이 분명합니다. 생각해 보면, 기적 같은 일이지요. 세상에 아이들이 살아 있다는 것이 말입니다. 이런 순정이, 맑은 마음들이, 말입니다. 얼마 전, 저희 학교에 〈교육공동체 벗〉의 기자들이 다녀갔습니다. 제 수업 장면을 촬영하기 위해서였지요. 두어 시간 저희 교실에 함께 있었습니다. 제 수업 장면도 보았구요. 그날은 지난 학교 축제 때 우리 반 아이들이 먹을거리 장사를 해서 생긴 수익금의 절반으로 함께 점심을 먹기로 되어 있는 날이었거든요. 그래서, 사진 촬영이 끝나고, 단골 분식집에서 아이들과 함께 국수를 먹었답니다. 시끌벅적한 아이들을 보며 두 기자는 이구동성으로 "애들이 왜 이렇게 착해요?"라고 물었습니다. 그러게 말입니다. 어제 부산서 만나 본 조향미 선생님의 아이들도 그렇게 착해 보이더랍니다. 제가 이 녀석들 착하게 만든 것에 보태 준 것도 없는데, 괜히 어깨가 으쓱해지더군요. 맞아요. 아이들이 세상에서 제일 착합니다. 그런데, 선생님, 그건 말이죠, 물이 높은 데서 낮은 데로 흐르는 것처럼, 아침에 새가 지저귀는 것처럼 자연스러운 일이 아니겠습니까. 선생님, 그리고 저도 이 아이들의 선함과 사랑에 감염되어, 그 선함과 사랑의 확신으로 이렇게 학교 바깥으로 걸음을 옮기게 됩니다. 좀 거창하나요? 꼭 그렇지만은 않습니다. 선생님과의 인터뷰에서 말할 수 없었던, 아니 말로 드러낼 수 없었던 것들을 결국 앞으로의 제 삶에서 몸으로 구현해야 하겠지요. 어차피 무슨 말을 해도 제가 학교를 그만두는 명분은, 그 사연은 거창한 레토릭으로밖에 포장되지 않을 겁니다. 그러므로 저는 말을 줄이고, 제 행동으로써 제가 학교를 그만둘 수밖에 없었던 이유를 설명하고 싶습니다.

이제 저도 곧 마흔 살이 되네요. 양희은의 〈내 나이 마흔 살에는〉이라는 노래가 있지요. 군대 시절, 외박을 마치고 귀대할 때 워크맨에서 이 노래를 듣고 또 듣던 때가 생각이 납니다. 어느 일요일 오후였을 겁니다. 귀대하는 길에 탄 버스가 유성온천 지역을 지나 서서히 논산 계룡대로 접어들 무렵에 문득 16년 뒤 마흔 살이 된 내가 어떤 모습으로 살고 있을지 생각하면서 마음 설레던 기억이 납니다. 그때 제가 이런 모습으로, 고향 땅 모교에서 스물한 살 나이 차이가 나는 아이들과 치킨과 닭똥집 튀김을 펼쳐 놓고 콜라로 건배하며 '메리 크리스마스'를 하고 있을지는 정말 몰랐습니다. 앞으로 그 16년 뒤 저는 어떤 모습으로 살아 있을까요. 알 수는 없겠죠.

그때 제가 농사를 짓고 있길 바랍니다. 그리고, 하루의 네 시간은 경전을 읽거나 누군가에게 제가 공부한 것을 가르치고 있기를 바랍니다. 그리고, 자전거를 타고, 장애인들의 작업장에 점심 식사를 배달하러 가거나, 아이들이 아무 때나 드나들며 커피를 마시고 책을 읽고, 음악을 듣고, 글을 쓰고, 낮잠을 자는 '환대의 집'에서 바닥을 쓸거나 커피 잔을 닦고 있기를 바랍니다. 그리고, 밀양시청 앞에서 그때도 변함없을 지역 토호들에 맞서 1인 시위를 하고 있기를 바랍니다.

선생님, 오늘의 학교교육 현실에서 가장 힘든 것이 무엇인지를 물으셨지요. 제가 《오늘의 교육》에 제기했고, 이제 《오늘의 교육》의 등록상표가 되어 버린 바로 그 '교육 불가능'이라고 생각합니다. 교육 희망이 아닌 '교육 불가능'의 현실, 벌거벗은 임금님처럼 누구나 다 알고 있으면서도 누구도 쉬 이야기하지 않으려 하는 바로 이 현실, 여기에 대해선 지난 1년 동안 《오늘의 교육》이 온 힘을 다해 한국 사회를 향해 발언했고 앞으로도 할 것이기에 여기서 부연하지 않겠습니다.

   선생님. 내년에는 선생님과 이곳 밀양에서 《오늘의 교육》 독자모임 이름으로 부산, 울산, 경남, 대구권에 있는 교사, 탈학교 청소년, 학부모, 교육운동가, 시민들이 모여 함께 밥을 먹고 이야기하고 토론하는 교육 포럼을 해 보자고 했었지요. 내년 봄에는 시작해 볼까 합니다. 그리고 조성제 신부님과 함께 감물리 폐교 터에 우리가 꿈꾸는 공간을 만드는 공사가 곧 시작될 예정입니다. 앞으로 어떻게 제 인생이 흘러갈지는 잘 모르겠습니다. 그냥 한 걸음 한 걸음, 뒷걸음치지 않고 뚜벅뚜벅 걸어가겠습니다. 그리고, 학교를 그만두는 것에서부터 그 이후의 제 삶의 궤적들이 이 형편없는 시대에 대한, 교육 불가능에 대한 저 자신의 최대한의 응전이기를 바랍니다. 선생님도 응원해 주시리라 믿습니다. 그리고 함께 해 주실 것 또한 믿습니다.

2011년 12월
밀양에서 이계삼

교육공동체 벗

교육공동체 벗은 협동조합을 모델로 하는 작은 지식공동체입니다.
협동조합은 공통의 목적을 가진 사람들이 모여서 만든
권력과 자본으로부터 독립된 경제조직입니다.
교육공동체 벗의 모든 사업은 조합원들이 내는 출자금과 조합비로 운영됩니다.
수익을 목적으로 하지 않기에 이윤을 좇기보다
조합원들의 삶과 성장에 필요한 일들과
교육운동에 보탬이 될 수 있는 사업들을 먼저 생각합니다.
정론직필의 교육전문지, 시류에 휩쓸리지 않는 정직한 책들,
함께 배우고 나누며 성장하는 배움 공간 등
우리 교육 현실에 필요한 것들을 우리 힘으로 만들고 함께 나누고 있습니다.

조합원 참여 안내

출자금(1구좌 일반 : 2만 원, 터잡기 : 50만 원)을 낸 후 조합비(월 1만 5천 원 이상)를 약정해 주시면 됩니다. 조합원으로 참여하시면 교육공동체 벗에서 내는 격월간 교육전문지《오늘의 교육》과 매월 온라인으로 조합 소식을 받아 보실 수 있습니다. 출자금은 종잣돈으로 가입할 때 한 번만 내시면 됩니다. 조합을 탈퇴하거나 조합 해산 시 정관에 따라 반환합니다. 터잡기 조합원은 벗의 터전을 함께 다지는 데 의미와 보람을 두며 권리와 의무에서 일반 조합원과 차이는 없습니다. 아래 홈페이지나 카페에서 조합 가입 신청서를 내려받아 작성하신 후 메일이나 팩스로 보내 주세요.

홈페이지 communebut.com
카페 cafe.daum.net/communebut
이메일 communebut@hanmail.net
전화 02-332-0712
팩스 0505-115-0712

교육공동체 벗을 만드는 사람들

※ 하파타 순

후쿠시마 미노리, 황지영, 황정하, 황정일, 황정인, 황정원, 황정욱, 황이경, 황은북, 황윤호성, 황순임, 황봉희, 황미숙, 황기철, 황규선, 황고운, 홍유지, 홍용덕, 홍순성, 홍세화, 홍성은, 홍성구, 홍석근, 홍익수, 홍미영, 현복실, 현미열, 허효인, 허은실, 허성規, 허보영, 허기영, 허광영, 함점순, 합영기, 한학범, 한지회, 한지혜, 한정혜, 한은숙, 한영욱, 한영선, 한승모, 한소영, 한성찬, 한봉순, 한민혁, 한만중, 한날, 한경희, 하정호, 하인호, 하승우, 하승수, 하순배, 하광봉, 탁동철, 최ริ성, 최현숙, 최현미a, 최현미b, 최진규, 최주언, 최정윤, 최정아, 최은희, 최은정, 최은아, 최은숙a, 최은숙b, 최은미, 최은경, 최윤미, 최원혜, 최영식, 최영락, 최연희, 최연정, 최애영, 최애리, 최승훈, 최승복, 최슬비, 최선영a, 최선영b, 최선경, 최봉선, 최보람, 최병우, 최미영, 최미선, 최미나, 최미경, 최문정, 최류미, 최대현, 최고봉, 최광락, 최영관, 최경련, 채효정, 채종미, 채옥엽, 차종숙, 차용훈, 진현, 진주형, 진용용, 진영효, 진영준, 진수영, 진냥, 지정순, 지윤경, 지수연, 주윤아, 주순영, 주수원, 조희정, 조형식, 조항미, 조혜수, 조하늘, 조진희, 조지연, 조준혁, 조주원, 조정희, 조용현, 조윤성, 조원배, 조용진, 故조영희(명예조합원), 조영현, 조영숙, 조영실, 조영선, 조영란, 조여은, 조여경, 조수진, 조성희, 조성실, 조성대, 조석현, 조석영, 조상희, 조문경, 조두형, 조경애, 조경아, 조경삼, 제남모, 정희영, 정희선, 정홍윤, 정혜령, 정현진, 정현주a, 정현주b, 정현숙, 정혜레나, 정태회, 정춘수, 정철성, 진진영a, 진진영b, 진진규, 정종민, 정재학, 정이든, 정은희, 정은주, 정은규, 정유진b, 정유숙, 정유섭, 정원석, 정용주, 정예슬, 정영현, 정영수, 정애순, 정수연, 정부교, 정보라a, 정보라b, 정미숙, 정미라, 정미옥, 정명영, 정득년, 정남주, 정광호, 정광필, 정광일, 정관모, 정경원, 전혜원a, 전혜원b, 전정희, 전유미, 전보선, 전병기, 전민기, 전미영, 전난희, 장효영, 장흥월, 장현주, 장진우, 장종성, 장인하, 장인수, 장은하, 장은미, 장윤영, 장원영, 장시준, 장슬기, 장상욱, 장병훈, 장병학, 장도현, 장근영, 장군, 장경훈, 임혜정, 임향신, 임한철, 임지영, 임증혁, 임종길, 임정은, 임전수, 임수진, 임성준, 임성빈, 임성무, 임선영, 임상진, 임동현, 임덕연, 임금록, 이희욱, 이희연, 이효진, 이화현, 이혜정, 이혜숙, 이혜리, 이형빈, 이현주, 이현종, 이현, 이혁규, 이형규, 이향숙, 이한진, 이태영, 이태영b, 이태구, 이층근, 이초록, 이진혜, 이진주, 이진숙, 이지혜, 이지현, 이지향, 이지영, 이지연, 이중석, 이준구, 이주희, 이주탁, 이주영, 이중찬, 이종은, 이정희a, 이정희b, 이정희c, 이정윤, 이재형, 이재익, 이재두, 이인사, 이용휘, 이은향, 이은희a, 이은희b, 이은진, 이은주a, 이은주b, 이은영, 이은숙, 이은경, 이윤정, 이윤엽, 이윤선, 이유미, 이유진, 이월녀, 이원주, 이원남, 이운서, 이우진, 이용환, 이용석a, 이용석b, 이용기, 이영화, 이영례, 이영수, 이영상, 이연진, 이연숙, 이연수, 이애영, 이승헌, 이승태, 이승연, 이승아, 이승남, 이슬기, 이은십, 이수경, 이수정, 이수미, 이소영, 이성원, 이성우, 이성숙, 이성수, 이성구, 이설희, 이선표, 이선영, 이선애a, 이선애b, 이선미, 이상훈, 이상화, 이상직, 이상원, 이상미, 이상대, 이병준, 이병곤, 이법회, 이민재, 이민아, 이민숙, 이미옥, 이미연, 이미숙a, 이미숙b, 이미라, 이문영, 이명훈, 이명형, 이매남, 이동철, 이동준, 이동갑, 이도훈, 이덕주, 이남숙, 이난영, 이나경, 이기규, 이근희, 이근철, 이근영, 이균호, 이교열, 이광연, 이계삼, 이경은, 이경옥, 이경언, 이경아, 이건진, 이건민, 이갑순, 윤흥은, 윤큰별, 윤지형, 윤종원, 윤종란, 윤요한, 윤용백, 윤여강, 윤석, 윤상혁, 윤병일, 윤규근, 유효성, 유재울, 유은아, 유영길, 유성희, 유성상, 위양자, 원지영, 원윤희, 원성재, 우창숙, 우지영, 우완, 우승희, 우승재, 우승인, 우수경, 오혜림, 오준호, 오정오, 오은정, 오은경, 오유진, 오승훈, 오수미, 오세화, 오세연, 오세란, 오상철, 오민식, 오명환, 오동석, 오경숙, 엄정신, 여희영, 여태진, 엄창호, 엄지선, 엄재홍, 엄영숙, 엄기호, 엄귀영, 양희전, 양해준, 양지선, 양은주, 양은숙, 양운신, 양영희, 양애정, 양선화, 양선형, 양서영, 양상진, 안효빈, 故안혜영(명예조합원), 안찬원, 안지혁, 안지숙, 안지영, 안준철, 안정선, 안정민, 안재성, 안용덕, 안옥수, 안영비, 안순억, 안경화, 심항일, 심은보, 심승희, 심수환, 심동우, 심경일, 신혜선, 신혜경, 신영숙, 신연수, 신장호, 신창복, 신중희, 신은숙, 신은경, 신은희, 신미옥, 신관식, 송화원, 송호영, 송혜란, 송현주, 송진아, 송정은, 송인혜, 송용석, 송승훈, 송명숙, 송근희, 손호만, 손현아, 손진근, 손은경, 손소영, 손성연, 손미승, 소수영, 성현주, 성현석, 성유진, 성용혜, 성영관, 성나래, 설은주, 설원민, 선화원, 선미라, 석옥자, 석경은, 서혜진, 서정오, 서인선, 서은지, 서유수, 서우철, 서예원, 서승일, 서명숙, 서금자, 서강선, 상형규, 복헌수, 복준수, 변현숙, 백현희, 백인식, 백영호, 백승범, 백기열, 배희철, 배희숙, 배주영, 배정현, 배정욱, 배일홍, 배이상천, 배영진, 배아영, 배성호, 배경내, 방득일, 방경내, 반영진, 박병창, 박춘호, 박환조, 박혜숙, 박형일, 박형일, 박현희, 박현주, 박현숙, 박준배, 박철호, 박진호, 박진숙, 박진수, 박진교, 박지희, 박지흥, 박지혜, 박지인, 박지원, 박종하, 박정미, 박은하, 박정호, 박은아, 박은경a, 박은경b, 박윤희, 박옥주, 박옥균, 박영일, 박영미, 박영림, 박신자, 박승철, 박승현, 박수진a, 박수연, 박소현, 박소영, 박세영, 박성현, 박성찬, 박성규, 박선혜, 박선영, 박복선, 박미희, 박명진, 박명숙, 박동혁, 박도정, 박덕수, 박대성, 박노배, 박나실, 박고형준, 박게도, 박경자, 박경진, 박경호, 박경구, 박건원, 박진국, 민형기, 민에경, 민보라, 미루, 문회영, 故문흥빈(명예조합원), 문지훈, 문용석, 문영주, 문순창, 문순숙, 문수현, 문수영, 문수경, 문세이, 문성철, 문봉선, 문미정, 문경희, 모은경, 모영화, 명수민, 마승희, 류형우, 류창모, 류지난, 류정희, 류재향, 류원호, 류우종, 류영애, 류명숙, 류경원, 도경철, 도방주, 데와 타카유키, 노영필, 노상경, 노미경a, 노경미, 노경미, 남효숙, 남주형, 남정민, 남유경, 남원호, 남예린, 남미자, 남동현, 남궁역, 날맹, 나규한, 김희정, 김희옥, 김흥규, 김흔태, 김효숙, 김환희, 김혜경, 김혜영, 김혜숙, 김혜라, 김형열, 김헌정, 김헌영, 김형숙, 김형림, 김현태, 김필일, 김태훈, 김태경, 김춘성, 김천영, 김창진, 김찬영, 김진희, 김진영, 김진명, 김진, 김지후, 김지연a, 김지연b, 김지미, 김지광, 김중미, 김준휘, 김준연, 김주영, 김주립, 김종현, 김종원, 김종옥, 김종성, 김종만, 김정희, 김정헌, 김정주, 김정식, 김정성, 김정삼, 김정기, 김정규, 김재황, 김재민, 김장환, 김인순, 김이은, 김이민경, 김은희, 김은파, 김은주, 김은영a, 김은영b, 김은아, 김은식, 김은숙, 김은남, 김은경, 김은주a, 김은주b, 김윤정, 김윤자, 김유영, 김우, 김윤용, 김윤영, 김요한, 김요한, 김영화, 김영진b, 김영진c, 김영주a, 김영주b, 김영자, 김영아, 김영순, 김영삼, 김연정, 김연일, 김연오, 김연미, 김애령, 김시내, 김숙규, 김순천, 김수현, 김수진a, 김수진b, 김수정b, 김수경, 김소희, 김소영, 김세호, 김성진, 김성애, 김성숙, 김성보, 김설이, 김선희, 김선우, 김선산, 김선미, 김선구, 김선경, 김석준, 김석규, 김상희, 김상정, 김상일, 김상숙, 김상기, 김봉석, 김보현, 김병희, 김병주, 김병섭, 김병기, 김범주, 김민희, 김민곤, 김민결, 김미향a, 김미향b, 김미향c, 김미진, 김미선, 김무영, 김묘선, 김명희, 김명섭, 김동현, 김동은, 김동일, 김도현, 김도연, 김도석, 김대성, 김대희, 김다영, 김남철, 김남규, 김나혜, 김기수, 김기오, 김규향, 김규향, 김규리, 김광민, 김광명, 김교종호, 김경호, 김경희, 김경영, 김경, 김경일, 김경숙b, 김가영, 김가연, 기형훈, 기세라, 금현진, 금현옥, 금명순, 권희중, 권혜영, 권현영, 권태윤, 권재우, 권자영, 국찬석, 구희숙, 구자해, 구자숙, 구완회, 구수언, 구본희, 구미숙, 꽹이눈, 광흠, 곽혜영, 곽진경, 곽노철, 곽노근, 공현, 공은미, 공영아, 고춘식, 고진선, 고은정, 고은미, 고윤정, 고영주, 고병헌, 고병연, 고민경, 강현주, 강현희, 강현이, 강한아, 강태식, 강진영, 강준희, 강인성, 강이진, 강은정, 강영일, 강영구, 강열, 강순원, 강수미, 강수돌, 강성규, 강석도, 강서형, 강병용, 강경모

※ 2019년 3월 26일 기준 915명

* 이 책의 본문은 재생 용지를 사용해서 만들었습니다.
* 자원 재활용을 위해 표지 코팅을 하지 않았습니다.